IL GIARDINO DELLE INFINITE POSSIBILITA'

ALEX ACQUARONE

Illustrazioni di Sophia Kountzeri

Titolo: "Il Giardino delle Infinite Possibilità"

Autore: Alex Acquarone

Copertina e Illustrazioni: Sophia Kountzeri

Editing sul testo: Federica Piacentini

Prima edizione: Luglio 2015

ISBN 979-1220003223

www.ilgiardinodelleinfinitepossibilita.it

*La Magia
è ciò che accade
quando la mente
dimentica i suoi limiti.*

INDICE

INTRODUZIONE

Questo libro racconta una storia semplice, adatta a tutti i bambini, sia a quelli piccoli, che... a quelli adulti.

Ognuno di noi ha la sua identità, la sua cultura, il suo credo.

Per leggere questa storia è meglio lasciarli da parte.

L'ideale è spogliarsi di ogni sicurezza, di ogni idea sulla realtà, e vestire i panni di un bambino, proprio come il protagonista.

Il libro è pieno di domande.

Le risposte sono solo le *mie* risposte, senza alcuna pretesa di verità e nel pieno rispetto di ogni diversa opinione.

Il mio intento non è quello di fornire soluzioni, ma quello di stimolare riflessioni.

Avrò centrato il mio scopo se anche un solo bambino al mondo, leggendo questo libro, inizierà a porsi delle domande e a cercare una soluzione, la *sua* soluzione.

Sarò inoltre grandemente felice se quel bambino, durante le sue riflessioni, scoprirà di essere perfetto e infinito, proprio oggi, così come infinite sono le possibilità di realizzare i suoi sogni, esattamente qui e ora.

Con tutto il cuore, mi auguro che quel bambino... sia proprio TU!

"Quando incontro un bambino,

provo due sentimenti:

tenerezza, per ciò che è,

rispetto, per ciò che può diventare."

(Louis Pasteur)

A me stesso,
ai miei figli,
e a tutti i bambini del mondo.

Il Sognatore

Capitolo Uno

«Jimi! Smettila di sognare sempre a occhi aperti!» Disse la maestra. «Jimi! Jimiii!»

«Eh? Ah… Certo, signora maestra. Stavo pensando a come risolvere l'esercizio di matematica alla lavagna…» Rispose lui, distratto come al solito.

«Ecco, adesso anche le bugie a peggiorare la situazione!» Incalzò l'insegnante.

«Devo assolutamente parlare con tua madre e dirle come ti stai comportando: da buono a nulla!»

Driiinnn! Suonò la campana della scuola e tutti gli allievi si precipitarono verso l'uscita, con in testa i loro pranzetti e i pomeriggi di svago che li aspettavano.

Anche la maestra se ne andò, sbattendo la porta, tutta rigida e piena di sé.

Jimi rimase qualche minuto al suo posto, guardando nel vuoto e cercando di ricordare l'unica cosa importante per lui: *quello che stava sognando*.

Poco dopo era in strada, in una di quelle scatole luccicanti, piene di fumo e rumore, che gli esseri umani chiamano "città".

Il traffico gli scorreva a fianco e tutti sembravano impazziti, diretti a folle velocità non si sa dove, senza salutarsi e strombazzando.

Nei pochi spazi verdi, i bambini giocavano divertiti.

Sulla via di casa, i negozi traboccavano di oggetti e cibi attraenti.

Ma a lui tutto questo non interessava.

Sin da piccolo, Jimi era attratto dall'*invisibile*.

Mentre passeggiava da solo, facendo ruotare in aria il suo zaino, si chiedeva il perché di molte cose: perché sono qui? Chi sono? Come funziona la vita? Come faccio a realizzare i miei sogni? E soprattutto: perché nessuno mi risponde?

Anche quel giorno, senza alcuna risposta valida, raggiunse il suo giardino, uno dei pochi luoghi che gli interessavano davvero.

Non sapeva perché, ma in quel posto coglieva una certa magia. Lì tutto filava liscio: non c'erano rimproveri e ogni mese sbocciavano fiori di colori diversi. Per far parte di quella meraviglia, non doveva neppure spendere i suoi centesimi e poteva restar lì anche avendo sbagliato il compito in classe. Non doveva parlare o fare battute per essere simpatico. Nessuno gli chiedeva nulla.

Era il luogo ideale per sdraiarsi a guardare il cielo, con le sue nuvole sempre diverse!

«Jimi! Hai fatto i compiti? Hai messo in ordine la tua camera? Vieni ad aiutarmi con la roba stesa!» Urlò la mamma.

"Ecco! La pacchia è finita." Pensò lui dentro di sé, camminando di malavoglia verso le altre cose che "doveva" fare, rinunciando ai suoi momenti di quiete.

La mamma parlava continuamente. Impartiva ordini e, per sfogarsi, gli raccontava tutte le cose che erano andate storte quel giorno: i problemi sul lavoro, le colpe degli altri nei suoi confronti, le bollette da pagare e gli sforzi che faceva per mandare avanti la famiglia da quando suo marito se n'era andato.

Jimi ascoltava, o meglio "sentiva" ma non ascoltava, stando in silenzio e dicendo ogni tanto qualche: "eh, sì."; "certo!"; "capisco mamma!" Giusto per farla contenta, altrimenti avrebbe parlato a un muro!

L'unica persona della famiglia che lo affascinava davvero era Lili, la sua sorellina di pochi anni. Era sempre allegra e guardava tutto con curiosità. Sembrava vivere in un'altra dimensione. Poteva giocare un intero pomeriggio con lo stesso oggetto, anche se gli altri lo trovavano insignificante.

Jimi l'amava e la proteggeva.

Lili lo riportava al periodo in cui anche lui era spensierato e non aveva quella miriade di domande nella testa.

Poi c'era Mark, il compagno della mamma. Arrivava a casa nel tardo pomeriggio e, in attesa della cena, si piazzava davanti alla TV imprecando per le notizie del giorno.

Jimi viveva in una famiglia qualsiasi, di una città qualsiasi, in un'epoca qualsiasi, ma non era un ragazzo qualsiasi.

Lui era un *genio*. Solo che non lo sapeva.

Quella sera era proprio come le altre: lo aspettava la solita cena.

Ma qualcosa iniziò a girare in modo strano...

LA NOTTE DAI MILLE COLORI

CAPITOLO DUE

Jimi stava aiutando a preparare la tavola, quando, all'improvviso, dalla cucina sua madre tuonò:

«Jimi! Vieni subito qui! Guarda, questa è un'email della tua maestra: dice che non ascolti, sei distratto e… dici le bugie!»

«Ma… mamma… posso spiegarti…»

«Non voglio sentire scuse!» Disse lei. «Stasera sei in castigo: niente televisione e a letto subito dopo cena!»

Jimi era mortificato.

Cosa poteva farci se aveva così tanti sogni che gli attraversavano di continuo la testa, anche quando era a scuola?

Si sentiva un buono a nulla, proprio come gli aveva detto la maestra.

Qualche istante dopo, mentre stava ancora incassando la sgridata di sua madre, Jimi scivolò su un giochino di Lili e rovesciò tutta la minestra. La mamma non fece neanche in tempo ad arrabbiarsi che Mark – affamato e pronto a mangiare quella deliziosa cenetta – si alzò dal divano e iniziò a inveire contro Jimi, dicendogli che era proprio un "buono a nulla!".

Il piccolo si sentiva sempre peggio. Trattenne a stento i lacrimoni che affioravano a tutta forza e si mise a pulire per terra. Dentro di sé pensava davvero di non valere neppure un chiodo e che, forse, la vita stava diventando troppo difficile per lui.

La mamma preparò allora un altro primo: una bella pasta per tutti.

A tavola il clima era teso, un po' per la condotta di Jimi; un po' per i problemi economici che la famiglia stava attraversando; un po' perché, in fondo, la mamma di Jimi e Mark non erano un granché felici insieme.

In quella grigia serata, l'unica persona allegra era Lili, che non prestava attenzione a nessuno dei problemi dei "grandi" e giocava con il suo tappo di sughero facendolo volteggiare in mille modi.

Ma il peggio doveva ancora venire.

Verso la fine della cena, Mark chiese a Jimi: «Dove hai messo la mazza da baseball che ti ho prestato ieri? Quella che usavo al liceo, a cui sono molto affezionato…»

Il piccolo fece mente locale. Un brivido freddo gli attraversò la schiena. Iniziò a sentire il tempo fermarsi. Per pochi, lunghi secondi fu indeciso tra il dire una bugia o dire la verità. Scelse la seconda e confessò di averla dimenticata al campo – il che equivaleva, ovviamente, ad averla persa.

Non ci fu neanche bisogno di sgridare Jimi.

Sua madre, amareggiata, non disse nulla e iniziò a sparecchiare. Mark, con tono ghiacciato e pieno di collera, mise una mano sulla spalla di Jimi e gli disse: «Non vali nulla, ragazzo.» E andò a coricarsi sul divano.

E' difficile descrivere come si sentisse il piccolo quella sera mentre saliva gli scalini che portavano alla sua cameretta.

Appena arrivato nella sua "tana", indossò un pigiama qualsiasi, s'infilò sotto le coperte e scoppiò a piangere, soffocando le lacrime sul cuscino per non farsi sentire dagli altri.

La testa gli scoppiava dal dispiacere e dalla rabbia nei confronti di un mondo che non capiva e che non *lo* capiva.

In quel momento gli mancò tanto suo padre. Un uomo introverso ma allegro; un sognatore che parlava poco e che insegnava con il suo esempio; una figura amorevole che avrebbe voluto lì con sé.

Invece, Jimi era triste, avvilito e solo: si sentiva sempre di più un "buono a nulla".

Quella notte, prima di addormentarsi, fece una cosa insolita: guardò fuori, nel cielo stellato, e si chiese se ci fosse un Dio, un angelo o un qualcuno, insomma, che avesse a cuore la sua vita e che potesse rispondere alle sue domande.

Singhiozzando, iniziò a dire: «Caro Dio, non so se esisti e non so come ti chiami. Comunque, se ci sei, sappi che sono disperato e che ho bisogno di aiuto. Ti prego, con tutto il mio cuore di bambino: rispondi alle mie domande! Chi sono? Cosa ci faccio qui? Perché nessuno mi capisce? Come faccio a essere felice?»

Nessuna risposta arrivò. Nessun Dio si presentò.

Il cielo rimase blu. La luna rimase piena. Le stelle rimasero ferme, splendenti.

Jimi però si era sfogato e sentì nel cuore una grande pace, come se una carezza invisibile lo avesse sfiorato. Poco dopo dormiva profondamente, esausto da quel giorno così difficile.

Il sonno di Jimi, quella notte, fu pieno di sogni. Colori meravigliosi si susseguivano: rosa, oro, blu, azzurro, verde, giallo, viola, arancione e tanti altri, i cui nomi non sapeva neppure. Sentiva una musica soave, vedeva migliaia di uccelli volare in un cielo senza fine. Una grande dolcezza investì il suo animo.

Ad un tratto, lentamente, aprì gli occhi e, ancora beato da quello spettacolo, vide i colori svanire uno dopo l'altro, come in un tramonto. Nella stanza buia, rimase soltanto un colore: il blu. Un blu intenso, profondo, e anche molto luminoso: come uno zaffiro colpito dai raggi della luna.

Il piccolo si stropicciò gli occhi e, di fronte al letto, sul divano, vide una macchia di uno splendido blu che sembrava vivo.

A guardar meglio… era vivo!

Era la sagoma di una persona!

In altri momenti Jimi avrebbe urlato di paura, ma quel sogno dai mille colori lo aveva così calmato che riuscì a restare immobile e a osservare con attenzione.

Sul divano stava seduto un uomo sui trent'anni, sereno e rilassato, avvolto in un mantello dal blu così radioso che non sembrava neppure tessuto: era pura energia!

«Chi sei?» Chiese timidamente Jimi.

«Sono un maestro.» Rispose l'uomo con voce ferma e dolce, lasciando appena intravedere il suo volto sotto al cappuccio.

«Nooo! Un altro maestro! Io non sopporto già quelli che ho a scuola…»

«Io non insegno materie, non giudico, non do voti. Sono un maestro della vita. La *mia* vita.» Replicò l'uomo.

«Cosa ci fai nella mia stanza?» Disse Jimi.

«Sono qui perché hai chiesto aiuto. Ieri sera ho ascoltato le tue preghiere, le stesse che un giorno furono le mie. Proprio come te, da bambino, ho passato momenti difficili e avevo tante domande. Poi ho trovato le risposte e ho fatto della mia vita il capolavoro che meritava.»

«Quindi… nessun compito in classe? Nessuna interrogazione?» Domandò Jimi.

«No, mio caro. Se ti va, solo una chiacchierata tra noi.»

«Si, che bello! Ma… devo chiamarti 'maestro'?» Chiese il piccolo.

«Chiamami come vuoi!» Rispose divertito l'uomo.

«Ti chiamerò Blu, come il colore del tuo bellissimo mantello!» Disse Jimi, curioso e vivace come non era da molto tempo.

«Perfetto! Cosa vuoi sapere? Qual è la tua prima domanda?» Chiese Blu.

«La mia prima domanda è…» Esordì Jimi.

«Aspetta! – lo interruppe Blu – Non credere alle mie risposte!»

«E perché?»

«Perché quello che ti dirò non è la verità: è la **mia** verità.» Spiegò Blu. «Quindi, ti prego di verificare le mie parole attraverso il tuo ragionamento e l'esperienza pratica. Soltanto quando avrai sperimentato che le cose stanno davvero così, allora sarà anche la tua verità. Altrimenti resterà solo una *favola*. Siamo intesi?»

«Ok, affare fatto! – proseguì Jimi – Ora, la mia prima domanda è: perché oggi è andato tutto storto?»

«Perché lo hai creato con i tuoi pensieri!» Rispose Blu.

«IO?!? Ma non è colpa mia! Oggi ho solo avuto sfortuna!» Disse il bambino.

«Pensaci bene, Jimi. Da quando la maestra ti ha sgridato stamattina, quale ritornello hai in testa? Cosa pensi di te stesso?»

«Ehm… che sono un buono a nulla.» Concluse il piccolo.

«E che tipo di giornata hai creato oggi, con quel pensiero in testa?»

«Una giornata piena di disastri. Una giornata ... da buono a nulla!» Replicò il bambino rattristato.

«Ecco, ci sei arrivato da solo.» Disse Blu.

«Ma, davvero i miei piccoli, insignificanti pensieri, nascosti a tutti, possono creare queste cose? Ti prego Blu, spiegami come funziona!»

«Volentieri! – rispose lui – Ma dovrai seguirmi nel… *Giardino delle Infinite Possibilità!*»

Il Giardino
delle Infinite Possibilità

Capitolo Tre

Tutto a un tratto, la stanza di Jimi si trasformò in uno splendido paesaggio: un cielo limpido e azzurro si adagiava su un prato verde, che si estendeva fino all'orizzonte e in tutte le direzioni.

«Eccoci! – disse Blu – Benvenuto… nel Giardino delle Infinite Possibilità!»

«Wow! È fantastico!» Esclamò Jimi sbalordito.

«Qui ci sono solo 3 regole.» Esordì Blu.

«Regola numero 1: *Esistono infinite possibilità.*»

«Regola numero 2: *I pensieri diventano cose.*»

«E la regola numero 3?» Chiese Jimi.

«*Mai dimenticare le prime due regole!*» Rispose Blu.

Il bambino rimase stupefatto.

«Ora ci divertiamo, Jimi! – continuò il maestro – Pensa a quello che vuoi far nascere in questo giardino.»

«Vediamo… – rispose il piccolo – vorrei … un ciliegio! Sai, mi piacciono molto i ciliegi. Mi ricordano le scorpacciate estive. Mi danno una sensazione di **abbondanza**!»

Jimi non fece in tempo a finire la frase che un maestoso ciliegio comparve davanti a lui.

«Wow! – esclamò il bambino – Ora, vorrei… delle rose rosse! Mi ricordano quando il mio papà le portava alla mamma, con tanto **amore**.»

Ed ecco apparire nel giardino le più belle rose del mondo.

«Posso mettere anche degli animali?» Chiese Jimi.

«Regola numero 1 – gli ricordò Blu – *Esistono infinite possibilità!*»

«Allora… un cane. Mi fa pensare al **gioco**! E tanti, tanti uccellini! Mi ricordano la **libertà**! E anche un po' di margherite, lillà, girasoli, tulipani, per avere un pizzico di **varietà**.»

Come per magia, quell'immenso prato verde si era infine

riempito di mille fiori, piante e animali secondo i pensieri di Jimi.

«Ma come è successo? È una magia?»

«La ragione scientifica del perché questo succede la imparerai domani a scuola.» Rispose Blu.

«Domani? E tu come lo sai?»

«Rimaniamo concentrati sul Giardino delle Infinite Possibilità. – disse Blu – Hai creato una splendida realtà, complimenti!»

«Grazie!» Disse Jimi soddisfatto.

«Ti sarai reso conto che, grazie ai tuoi pensieri, hai creato nel giardino della tua vita: l'**ABBONDANZA** (i ciliegi); l'**AMORE** (le rose); il **GIOCO** (il cane); la **LIBERTÀ** (gli uccellini) e la **VARIETÀ** (i fiori). Che bello!»

«È vero! Sono tutte emozioni che mi fanno stare bene!» Sorrise il bambino tutto contento.

«Ottimo, Jimi! Adesso, visto che hai creato questo meraviglioso giardino – continuò Blu – ti sembra utile creare, ad esempio: ragni, serpenti, mosche, zanzare, fango, paludi e tempeste?»

Jimi pensò a quello scenario e, pochi istanti dopo, il giardino fiorito divenne un'orribile palude, il tempo si fece pessimo e ragni, serpenti e insetti di ogni tipo iniziarono a spuntare dappertutto.

«No, no! È assurdo! Ti prego, fallo tornare come prima!» Lo supplicò Jimi agitato.

Blu osservò il giardino e, in pochi attimi, tutto tornò radioso come prima.

«Regola numero 2: *I pensieri diventano cose.*» Disse Blu. «TUTTI i pensieri diventano cose. Non importa se piacevoli o spiacevoli: il giardino non ha giudizi, crea ciò che pensi.»

E proseguì. «Ciò che spesso accade alle persone è che non conoscono o dimenticano questa regola. Sicché, oltre a qualche pensiero piacevole, iniziano a far entrare nella loro vita anche pensieri spiacevoli, come la **TRISTEZZA**, la **RABBIA**, la **VIOLENZA**, la **POVERTÀ**, le **DIFFICOLTÀ**, il **DUBBIO**, il **SENSO D'INDEGNITÀ**. Proprio come ho voluto dimostrarti prima con tutti quegli ospiti sgraditi nel tuo bel giardino.»

«Ma non ha senso! – esclamò il bambino – Chi potrebbe essere così pazzo da fare una cosa del genere?»

«Rifletti, Jimi… Cosa hai pensato di te per tutta la giornata di ieri e cosa hai creato con quel pensiero?»

«Ehm… Che ero un buono a nulla. E… Be'… sì! Ho creato una giornata disastrosa.» Rispose Jimi un po' abbacchiato.

«Lo trovi molto diverso dall'invitare serpenti, insetti, paludi e tempeste nel giardino della tua vita?» Chiese Blu.

«No. In effetti… – comprese Jimi – Ho inquinato il mio giardino da solo!»

«Eh sì! – sorrise Blu – Il nostro compito è creare il giardino che desideriamo e vigilare sui nostri pensieri affinché non nascano cose sgradite.»

«Ok! Me ne ricorderò! » Disse il piccolo.

«Sono fiero di te, ragazzo! Stanotte hai compreso concetti molto importanti! Vuoi dirmi quali sono?»

«Ci sono 3 regole. – rispose prontamente Jimi – Regola numero 1: *Esistono infinite possibilità*. Regola numero 2: *I pensieri diventano cose*. Regola numero 3: *Mai dimenticare le prime due regole*!»

«Fantastico! – esclamò Blu – Ora è meglio che riposi un po'. Domani c'è scuola.»

«Sì.» Concordò il bambino… pur essendo così elettrizzato che non aveva alcuna voglia di riprendere sonno!

«A proposito… – lo stuzzicò Blu – Che tipo di giornata vuoi creare domani? Cosa vuoi pensare di te, Jimi?»

«Be', se prima pensavo di essere un buono a nulla – rispose il piccolo – adesso penserò che… sono sempre stato un GENIO!»

«Meraviglioso! Sogni d'oro!» Disse Blu.

E' inutile dire che Jimi non dormì un granché: passò la notte a guardare nel vuoto, con gli occhi spalancati, fantasticando sulle sue infinite possibilità!

Un Mare di Onde

Capitolo Quattro

CHICCHIRICCHIIII!!! Trillò la sveglia di Jimi alle 7.00 in punto.

Ancora gasato per quella notte bizzarra, si alzò contento e pieno di vita. Si vestì più rapido del solito, divorò la sua colazione senza lagnarsi e si precipitò al pulmino ripetendo divertito dentro di sé: *"Io sono sempre stato un genio!"*

Appena arrivato a scuola, vide una scena insolita: un gruppetto di bambini stava dando pugni e spinte al distributore degli snack per farlo funzionare.

Tutto quell'impegno era dovuto al fatto che Susie, la bambina più carina della classe – che non aveva mai considerato Jimi – aveva inserito le sue monetine ma… lo snack non cascava!

Jimi pensò: "Sono un genio, quindi troverò la soluzione!"

Mentre tutti continuavano a usare la forza bruta, Jimi osservò da lontano, con calma, e notò che la macchina era rimasta un po' inclinata a causa di un tacco di legno usato per la manutenzione. Facendosi aiutare da qualche amico, sfilò il tacco e, come d'incanto, venne fuori lo snack di Susie.

Lei gli lanciò uno sguardo zuccheroso e disse: «Grazie Jimi, sei proprio un genio!»

Lui era al settimo cielo, sia perché Susie gli piaceva molto, sia perché i suoi pensieri stavano creando una realtà tutta nuova!

Appena arrivato in classe, la maestra di scienze iniziò la sua lezione: «Oggi parleremo del mondo dell'infinitamente piccolo e di come nasce la materia.»

"Wow!" Pensò Jimi.

Ecco la lezione ascoltata con le orecchie di un bambino: «Bla… Bla… Bla… Fino a qualche secolo fa si pensava che la materia fosse fatta di tanti piccoli mattoncini… Bla… Bla… Bla… Ma da oltre cent'anni a questa parte … Bla… Bla… Bla… Gli scienziati hanno scoperto che all'interno dei mattoncini, analizzati al microscopio, esiste un mondo piccolissimo che segue regole diverse. Questo mondo è essenzialmente *vuoto*. È come un grande mare blu nel quale fluttuano un'infinità di onde che possono diventare *qualsiasi cosa*.» Disse la maestra.

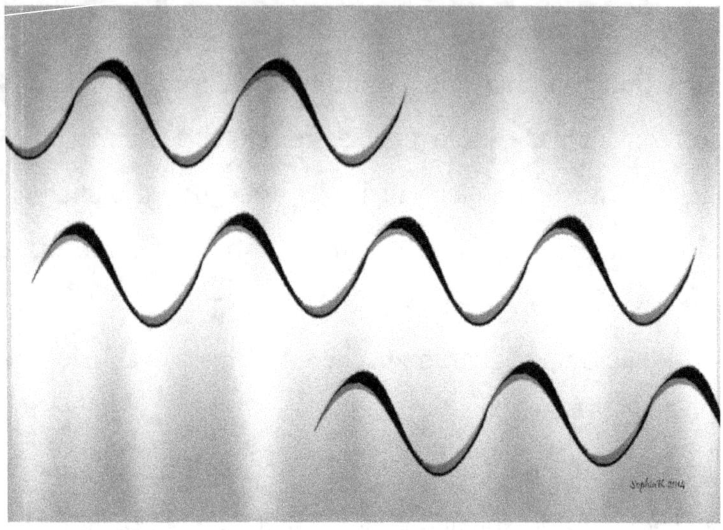

"Come il Giardino delle Infinite Possibilità!" Pensò Jimi.

«Quando qualcuno osserva una di queste onde, essa cambia forma e diventa una particella.» Continuò l'insegnante.

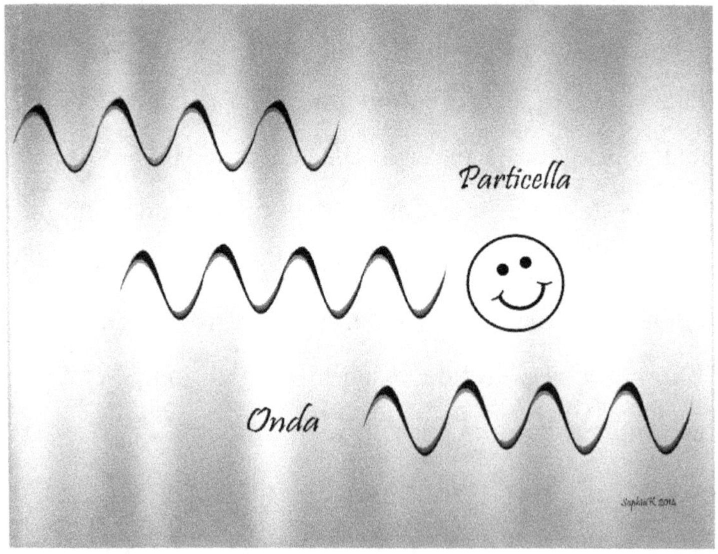

«Gli scienziati dicono che l'Osservatore crea la realtà.» Aggiunse.

"*I pensieri diventano cose!*" Pensò Jimi.

E infine la maestra concluse: «Quindi, tutto ciò che vedete, il vostro banco ad esempio, è fatto di onde di energia, che dal mare del vuoto sono diventate particelle perché qualcuno ha avuto l'idea di costruirlo. Queste particelle, ruotando velocemente le une intorno alle altre, creano la materia che voi percepite come solida. Tutto chiaro? Chi vuole riassumere questi concetti?»

Jimi alzò la mano e disse: «*Esistono infinite possibilità*, in forma di onde, e diventano particelle quando qualcuno le osserva. L'immaginazione dell'osservatore… può creare qualsiasi cosa!»

«Bravo, Jimi! È proprio il punto a cui è arrivata la scienza!» Disse la maestra.

«Ora – proseguì l'insegnante – vorrei farvi vedere le fotografie di alcuni esperimenti che vi chiariranno il concetto. Queste sono due particelle d'acqua: la prima viene da una bottiglia con l'etichetta 'AMORE', l'altra da una bottiglia con l'etichetta 'ODIO'.»

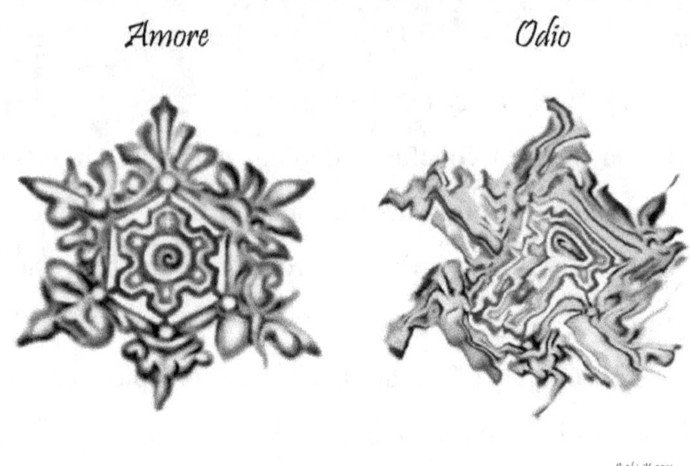

«Quale vi piace di più?» Chiese la maestra.

E tutti i bambini, ormai presi dall'argomento, dissero: «Quella dell'amore!»

«Bene! E chi sa dirmi perché è avvenuta questa trasformazione?» Domandò ancora.

«*Perché i pensieri diventano cose*!» Disse Jimi.

«Complimenti! Non c'è miglior modo di spiegarlo! Sei proprio un genio Jimi!» Lo elogiò la maestra.

A questo punto lui si sentiva davvero euforico.

Appena uscito dalla classe, prese a saltellare, fiero non soltanto dei propri successi, ma soprattutto di averli creati con i suoi stessi pensieri.

Ben presto Jimi si sentì onnipotente e cominciò a fantasticare su tutto ciò che poteva creare.

E il passo verso la *superbia*… fu molto breve!

In coda per la mensa scolastica, Jimi superò un paio di bambini più piccoli che ci rimasero molto male.

Riempì il vassoio e puntò dritto verso il suo posto preferito, vicino alla finestra. Durante il tragitto, però, incontrò John, un bambino più grande e manesco, che lo urtò di proposito facendo traballare tutte le cose sul vassoio, incluso il suo amato yogurt alle fragole. Jimi non ebbe il coraggio di reagire, ma dentro di sé pensò: "Che sbruffone!"

Dopo una partitina di basket, si diresse verso il pulmino. Lungo il tragitto, senza farlo apposta, un amico lo colpì con la cartella; Jimi se la prese e lo strapazzò davanti a tutti. Una volta sul bus, però, lui stesso inciampò e rovesciò un po' della sua bibita per terra. L'autista gliene disse quattro e Jimi andò a sedersi in fondo pensando: "Che maleducato!"

La magia del mattino era un po' svanita a seguito di quelle piccole disavventure e Jimi iniziò a diventare più cupo.

Appena entrato in casa trovò sua madre di pessimo umore per una multa appena presa. Lei gli disse in malo modo di apparecchiare la tavola e lui pensò: "Ma che cattivo umore!"

Dopo cena il piccolo andò a dormire e, disorientato da quella giornata con alti e bassi, in cuor suo chiese a Blu di tornare per rispondere ad altre domande.

Fuori il vento soffiava forte e la luna splendeva su tutti i bimbi rannicchiati sotto le coperte. Anche Jimi, contento di essere al calduccio, si addormentò volentieri.

La Casa degli Specchi

e il Boomerang

Capitolo Cinque

Poco prima di mezzanotte, Jimi sentì il gufo cantare forte e aprì gli occhi.

Blu era lì, seduto sorridente sul divano, nel suo luminoso mantello di pura energia.

«Allora, com'è andata oggi, Jimi?» Chiese Blu.

«La mattinata è stata perfetta! Avevi ragione: cambiando i miei pensieri ho creato tante situazioni geniali!» Rispose.

«Nel pomeriggio invece, ho incontrato un sacco di persone sbruffone, maleducate e di cattivo umore.»

«Ok, questa è la tua visione delle cose. Prima di vivere qualche avventura come l'altra sera, ripassiamo la Regola numero 2 del

Giardino delle Infinite Possibilità.» Lo esortò Blu.

«*I pensieri diventano cose*.» Ripeté Jimi.

«Bene. Ricorda sempre che *ogni realtà*, anche se sgradevole, *l'hai creata tu stesso*!» Disse Blu.

«Ma ora vediamo il lato utile di questi incontri che hai considerato spiacevoli. – continuò il maestro – Sei mai stato in una casa degli specchi?»

«Sì, al Luna Park.» Rispose Jimi.

E in men che non si dica, nella sua stanza comparvero specchi ovunque.

«Cosa vedi?» Chiese Blu.

«Me con il pigiama azzurro.»

«E se ora ti vestissi da calciatore, cosa vedresti?» Chiese Blu.

«Me vestito da calciatore.» Rispose Jimi.

«E se ti vestissi da zucca di Halloween?» Chiese Blu.

«Me vestito da zucca di Halloween.» Disse Jimi ridacchiando.

«Qual è il tuo abbigliamento preferito?» Domandò ancora Blu.

«Jeans, sneakers rosse e maglietta a righe.»

«E se volessi vedere questo abbigliamento riflesso nello specchio, cose dovresti fare?» Fu la domanda successiva di Blu.

«Be'… vestirmi in quel modo!»

«La vita funziona esattamente così, Jimi: riflette i nostri *abiti… mentali*. Quando siamo arrabbiati, incontriamo persone arrabbiate e/o viviamo situazioni violente; quando siamo amorevoli, incontriamo persone amorevoli e/o viviamo situazioni amorevoli; e così via.» Spiegò Blu.

«A pensarci bene – rifletté Jimi – oggi ho detto di aver incontrato persone sbruffone, maleducate e di cattivo umore, ma… io stesso… sono stato sbruffone con due bambini alla mensa della scuola; ho maltrattato un amico che mi aveva urtato con la cartella e sono diventato di cattivo umore. Quindi… mi sono specchiato negli altri?»

«Sì! – rispose Blu – E accorgersene è un modo molto utile per cambiare al volo i propri atteggiamenti. Non è splendido questo meccanismo?»

«Sì. Devo solo essere sveglio e, anziché dare la colpa agli altri o giudicarli, cambiare il MIO atteggiamento!» Comprese Jimi.

«Perfetto! – disse Blu – Vivrai sempre sereno sapendo che tutto è solo un *tuo* riflesso e che… lo puoi cambiare quando vuoi! Ricorda: *i pensieri diventano cose.*»

A quel punto la casa degli specchi scomparve, ma anziché tornare nella sua stanza, Jimi si ritrovò in un affascinante paesaggio desertico. La terra era rossiccia e, tutt'intorno, s'innalzavano bellissime montagne rocciose che, nel loro splendido marrone, riflettevano gli intensi raggi del sole.

A Jimi bastò un rapido sguardo per riconoscere ciò che aveva visto solo nei documentari: canyon, uccelli selvatici, cactus e canguri.

«Siamo in Australia!» Disse il piccolo.

«Sì – rispose Blu – Siamo qui per parlare dell'*Effetto Boomerang.*»

«Quell'affare curvo che, quando lo tiri in aria, torna indietro?» Chiese il bambino.

«Esatto.»

«Scusa Blu, ma cosa c'entra con i miei atteggiamenti nei confronti delle persone?» Domandò Jimi.

«Rifletti – lo invitò Blu – Cosa è successo oggi, dopo che hai saltato quei bambini più piccoli in coda per la mensa?»

«Ehm… È arrivato John, un bambino più grande e manesco, che mi ha dato uno spintone facendo rovesciare le cose sul vassoio.» Ammise Jimi.

«E poi, cosa è successo dopo che hai maltrattato quel tuo amico che ti ha scontrato involontariamente con la cartella?» Continuò Blu.

«Ehm… A mia volta, ho rovesciato una bibita sul pulmino e l'autista ha maltrattato me.» Raccontò Jimi.

«Quindi, cosa ne concludi?»

«Che le mie azioni tornano indietro?» Domandò Jimi.

«Esatto! Questo è l'*Effetto Boomerang*.» Confermò Blu.

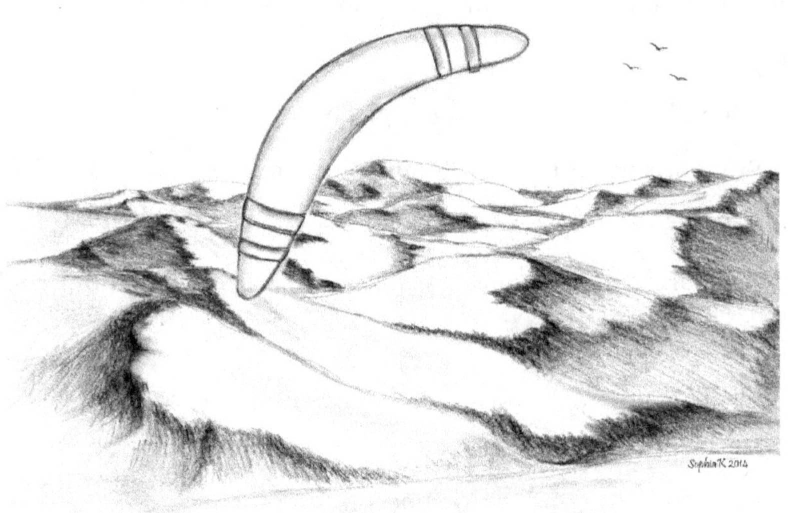

«Ora che mi ci fai pensare… mio nonno diceva sempre: "*Ciò che semini raccogli*!"» Rifletté il piccolo.

«Perfetto! È un altro modo per esprimere lo stesso concetto.» Disse Blu.

«Vedi Jimi, questo è un effetto molto importante. Prima o poi siamo destinati a rivivere ciò che facciamo agli altri. Le azioni che hanno generato emozioni piacevoli, come ad esempio una gentilezza o un gesto d'aiuto, ci torneranno indietro in forma di emozioni altrettanto piacevoli. Lo stesso accadrà per le azioni che hanno generato emozioni spiacevoli, ad esempio trattar male gli altri. Subiremo lo stesso trattamento.»

«È una specie di punizione?» Chiese Jimi.

«No – rispose Blu – Nel Giardino delle Infinite Possibilità *non esistono azioni giuste o sbagliate*, quindi non esistono premi o punizioni.» E continuò: «Le emozioni che abbiamo generato ci tornano indietro, perché possiamo capire sulla nostra pelle cosa creano le nostre azioni. È un modo per fare esperienza attraverso i nostri comportamenti. Spesso, infatti, quello che noi pensiamo di creare con le nostre azioni è diverso da ciò che in realtà facciamo vivere agli altri.»

«Cavolo, quanti errori ho fatto oggi!» Disse il bambino.

«Ehi, rilassati, Jimi! Prova a parlare a te stesso da un'altra angolazione: *non esistono errori, ma solo esperienze.*» Propose Blu. «Pensa a tua sorella Lili. Quante volte è caduta prima di imparare a camminare? Quante volte ha provato a dire una parola prima di riuscire a pronunciarla correttamente?»

«Tantissime! Ma è ovvio che sia così. Altrimenti come avrebbe fatto a imparare?» Disse Jimi.

«Hai colto nel segno! – rispose Blu – Ognuno di noi è in

costante *evoluzione*. Quindi, finché non impara una cosa, ciascuno è destinato a fare dei tentativi, che non sono errori, cioè non sono sbagliati o da condannare, ma sono come i gradini di una scala che porta all'apprendimento: se non li percorri, non puoi arrivare in cima! Ogni esperienza, se ti va di imparare, ha in sé una lezione. Dunque, non esistono errori o fallimenti, ma soltanto *lezioni*.»

«Allora… non devo sentirmi in colpa?» Chiese Jimi.

«No. La colpa ti fa solo stare male. Se devi chiedere scusa a qualcuno, fallo. Impara dall'esperienza e passa oltre.» Suggerì Blu.

«Questa è la saggezza?»

«Sì, Jimi. La *saggezza* è aver fatto molte esperienze, aver fatto tesoro di tutte le emozioni piacevoli e spiacevoli che ci sono tornate indietro, e aver imparato le lezioni. Quindi – continuò Blu – se qualcosa non va nella direzione dei tuoi desideri, è più utile che tu ti senta fallito o… più saggio?»

«Più saggio!» Rispose Jimi sollevato.

«Fantastico! Sei proprio… saggio!» Disse Blu divertito. «Adesso voglio che tu rifletta bene, Jimi. Sto per farti una domanda difficile. Che differenza c'è tra dire a se stessi che si è falliti o più saggi?»

«Be'… siccome i pensieri diventano cose… se penso di essere un fallito creerò fallimenti, cioè situazioni spiacevoli; se penso di essere più saggio creerò… maggiore conoscenza.» Concluse prontamente Jimi.

«Complimenti! Risposta perfetta.» Si congratulò Blu. «Ora,

però, voglio farti riflettere su un altro aspetto. Ricordi le foto che hai visto oggi a scuola delle molecole d'acqua, una esposta alla parola 'amore' e l'altra alla parola 'odio'?»

«Sì! Quella esposta alla parola 'odio' aveva una forma terribile, quasi decomposta.»

«Bene. Di cosa è fatto prevalentemente il nostro corpo?» Chiese Blu.

«Di acqua.» Disse Jimi. E poi esclamò «Ci sono! Quando parlo male a me stesso sto facendo male alle mie stesse cellule, che cambiano addirittura aspetto!»

«Bravissimo! E questa è anche la ragione di tante malattie. Amati sempre figliolo! Nessuno può farlo al posto tuo!»

«Ovviamente – proseguì Blu – le parole possono far male anche alle cellule… degli altri! Per questo ti invito a rivolgerti verso tutti con gentilezza e amore.»

«Certo! – disse Jimi – Adesso capisco il perché di tante cose.»

A quel punto il sole si fece accecante. E Jimi si rese conto che chi aveva davanti non era un canguro ma… sua mamma! Aveva aperto la finestra della camera per farlo svegliare.

Era ora di andare a scuola.

La Montagna delle Visioni

Capitolo Sei

Jimi si svegliò di ottimo umore.

Facendo tesoro dei dialoghi notturni con Blu, quel giorno decise che si sarebbe comportato in modo gentile e tollerante nei confronti di tutti.

Uscendo di casa salutò le persone cordialmente, anche quelle che conosceva poco; arrivato al pulmino aiutò un'amica a salire e lasciò il posto vicino al finestrino al suo compagno Matt.

Il solo fatto di compiere quei gesti insoliti lo faceva stare bene e tutti lo ringraziavano di cuore.

Nei dintorni della scuola, Jimi fece caso a una donna che dava qualche spicciolo a un uomo bisognoso e pensò: "Che gentile questa donna! Aiuta una persona che neppure conosce…"

Poi vide un anziano volontario che aiutava mamme e bambini ad attraversare la strada davanti alla scuola, e di nuovo pensò a quante cose si possono fare con gentilezza e amore.

Jimi si stava rendendo conto che la realtà derivava dai suoi pensieri e dai suoi atteggiamenti: ciò che provava dentro di sé si manifestava all'esterno.

Così, gli venne in mente una frase di Blu: *"Come dentro, così fuori."*

"Non è il mondo esterno che crea il nostro pensiero, ma è il nostro pensiero che crea il mondo esterno! – pensò Jimi – Oggi sono sintonizzato sulla gentilezza e, come per magia, assisto a episodi di gentilezza, amore, cordialità. Che bello!"

Con questa nuova comprensione Jimi entrò in classe tutto felice.

Quella mattina continuò ad agire in modo gentile verso tutti e fece molto caso ai suoi pensieri; sicché tutto andò splendidamente.

All'uscita di scuola, però, Jimi si trovò a fronteggiare una nuova situazione: alcuni suoi compagni di classe stavano discutendo vivacemente della partita di calcio disputata durante la ricreazione.

«Ecco! Proprio te aspettavamo, Jimi!» Disse Mike, uno dei bambini.

«Perché proprio me?» Chiese Jimi.

«Perché ci hai fatto perdere la partita!» Lo accusò Mike.

«Ma non è vero! Cosa c'entro io?» Si agitò Jimi.

«Se tu avessi passato la palla a Niki invece che a Steve, lui non se la sarebbe fatta fregare e gli avversari non ci avrebbero fatto gol!» Lo rimproverò Mike.

«E come fai a saperlo? Magari l'avrebbero presa anche a

Steve!» Proseguì Jimi.

«Non capite niente! – intervenne un altro bambino – Jimi doveva tirare in porta senza passare a nessuno! Ma non l'ha fatto perché è un codardo!»

«Io un codardo? Ma come ti permetti?» Disse Jimi.

«Ehi, ha ragione Jimi! – s'intromise un altro bambino – Non doveva tirare! Però doveva passare indietro, non avanti!»

«Assurdo! Non si passa indietro a quel punto…» Stabilì Mike.

Questa discussione andò avanti per quindici minuti buoni e nessuno ne cavò un ragno dal buco!

Jimi, che prima era tutto contento, si sentì sballottato e disorientato a causa di quella litigata. Se ne andò a casa, fece i suoi compiti e chiese a Blu di tornare per aiutarlo a capire meglio.

Quella notte nella stanza di Jimi c'era un freddo insolito. Pareva di essere in inverno e all'aperto. Jimi scese dal letto per cercare qualcosa di più caldo e, sentendo i piedi ghiacciati, pensò: "Questa moquette sembra neve!". Poi guardò in terra e disse: «Ma… è neve! »

Appena alzò gli occhi, si trovò sulla cima di una montagna innevata, sormontata da uno splendido cielo azzurro e avvolta da soffici nuvole rosa.

«Ti piace la montagna?» Chiese Blu.

«S… S… S… Sì! Brrr, che freddo però!» Rispose Jimi.

«Tieni, metti questi vestiti da sci e starai al caldo.» Disse Blu.

«Che bel panorama! Ma… perché siamo qui?»

«Per rispondere alla domanda che volevi farmi questa sera. Mi sono portato avanti!» Sorrise Blu.

«La mia domanda? – si sforzò di ricordare Jimi – Ah! Sì! Vorrei capire come mai sono uscito tutto abbacchiato dalla discussione di oggi. Ci sono rimasto male.»

«Perché ci sei rimasto male, Jimi?»

«Be'… Perché io avevo ragione e gli altri avevano torto!»

«Capisco – disse Blu – A proposito, sai come si chiama questo posto? La Montagna delle Visioni.»

«Figo!» Esclamò Jimi.

«Guarda – Blu indicò i fianchi della montagna – su ogni versante sorge un piccolo villaggio. Ora chiamiamo qualcuno e gli chiediamo cosa vede.»

Blu si voltò verso il villaggio a Sud e chiese: «Ehi, signora! Cosa vede?»

«Il mare!» Fece la donna.

Allora si voltò verso il villaggio a Nord e chiese: «Ehi, ragazzo! Cosa vedi?»

«Le colline!» Fece il ragazzo.

Poi si voltò verso il villaggio a Est e chiese: «Ehi, bambino! Cosa vedi?»

«Il deserto!» Fece il bambino.

Infine si voltò verso il villaggio a Ovest e chiese: «Ehi, nonna! Cosa vedi?»

«La pianura!» Fece la nonna.

«Chi ha ragione?» Chiese Blu a Jimi.

«Be' – rispose Jimi – Hanno *tutti* ragione… dal *loro* punto di vista.»

«Esatto!» Disse Blu. «Non sarebbe bizzarro se quelle persone si mettessero a litigare pensando che la vista dalla montagna sia solo il mare, o solo le colline, o solo il deserto, o solo la pianura?»

«Sì, sarebbe stupido.» Esclamò il bambino.

«Ecco Jimi, pensa a quante volte le persone vogliono avere ragione a tutti i costi senza considerare che ciascuno osserva le cose dal *proprio* punto di vista.»

«Ho capito il concetto! – esultò Jimi – Nella discussione sulla partita di oggi avevamo tutti ragione, anche perché nessuno poteva dire con certezza quale fosse la mossa migliore da fare!» Poi si guardò intorno e aggiunse: «Qui siamo fortunati: dalla vetta vediamo tutti i punti di vista!»

«Sai perché li vediamo tutti?» Domandò Blu. «No...» Disse Jimi.

«Perché siamo disposti a *rispettarli* tutti. Essere sulla cima non significa essere migliori degli altri, ma aver capito che *non esiste giusto o sbagliato*, che *esistono solo punti di vista*. Questo ti consente di avere le tue idee, imparare da quelle degli altri e non giudicare nessuno.»

«Wow! – si stupì Jimi – Se tutti ragionassero così, non ci sarebbero più guerre, violenze, litigi e tutti vivrebbero in armonia!»

«Inizia a ragionare tu così, se lo vuoi. – disse Blu – Noi possiamo cambiare solo noi stessi; se nel buio dell'ignoranza accendiamo la nostra piccola candela, magari qualcuno ci seguirà e presto il buio diventerà più chiaro!»

E in effetti tutto per Jimi si fece chiaro.

Era mattina ed era già ora di andare a scuola!

DOVE NASCONO LE NUVOLE

CAPITOLO SETTE

Appena entrato nel cortile della scuola, gli amici di Jimi ripresero la discussione del giorno prima e lo invitarono a riflettere bene su come giocare la prossima partita.

Lui però, forte delle sue riflessioni notturne, disse: «Amici, *avete tutti ragione dal vostro punto di vista*! Ieri mi sono sentito di giocare così. Mi sembrava la mossa giusta. Oggi andrà alla grande!»

E tutti gli altri, che si aspettavano forse un nuovo litigio, risposero: «Ma sì Jimi, in fondo nessuno sa come sarebbe andata se avessi giocato diversamente! Dai, andiamo a giocare a nascondino prima che inizi la lezione!»

Jimi realizzò quanto fosse importante saper trattare con le persone, rispettando tutti, senza creare scontri. Con la sua risposta tollerante, anziché un litigio, aveva creato uno spettacolare gioco di gruppo!

La mattinata a scuola passò velocemente e Jimi, grazie alle considerazioni notturne con Blu e alle sue esperienze quotidiane, si sentiva invincibile.

Questo lo aiutò ad affrontare un pomeriggio davvero difficile.

Quando Jimi aprì la porta di casa, sua madre piangeva con Lili tra le braccia. La nonna di Jimi era morta quella mattina.

In un lampo, Jimi ripensò a tutto l'amore che aveva provato per quella tenera signora. Lei aveva sempre avuto una carezza per lui, mentre preparava una deliziosa torta di mele o tirava fuori dalla borsa qualche soldino da mettere nel salvadanaio.

Jimi scoppiò a piangere e, nelle ore che seguirono, ricordò le belle giornate passate con lei, a volte al parco giochi, a volte in casa, durante un pomeriggio piovoso dopo la scuola.

Nella percezione di Jimi tutto questo era svanito per sempre –in un attimo – entrando in casa quel pomeriggio.

Verso sera ci fu il rosario e per l'ultima volta Jimi vide sua nonna, infinitamente dolce come era sempre stata. Pianse mille lacrimoni ed esausto andò a dormire. Come le altre notti, Jimi chiese a Blu di tornare, questa volta per fargli comprendere come mai una persona tanto amabile, improvvisamente, non ci fosse più.

Dopo qualche ora di sonno, il piccolo si svegliò e vide Blu davanti a sé. Jimi scoppiò a piangere e il maestro lo abbracciò a lungo, con tanto amore.

Appena smise di piangere, Jimi domandò: «Cosa succede quando si muore? Finisce tutto? Dove vanno le persone?»

«Ti va di andare nel laboratorio di scienze?» Propose Blu.

«Sì, mi piace molto quel posto.» Disse Jimi, e la sua stanza iniziò a riempirsi di scaffali colmi di libri, provette, microscopi, ampolle, banchi, scheletri e disegni.

«Eccoci!» Disse Blu. «Ora, Jimi, ricordi cosa ha detto la maestra l'ultima volta che sei stato in questo posto?»

«Il succo della lezione era che... *nulla si crea e nulla si distrugge.*»

«Puoi spiegarmi cosa vuol dire?»

«Posso fare un esempio.» Suggerì Jimi. «Se prendiamo un cubetto di ghiaccio e lo mettiamo al sole, questo si scioglie e diventa acqua. Se lasciamo l'acqua al sole, evapora e diventa una nuvola. Poi le nuvole si scontrano e, grazie alla pioggia, abbiamo di nuovo l'acqua. Quando arriva il freddo si riforma il ghiaccio e così via.»

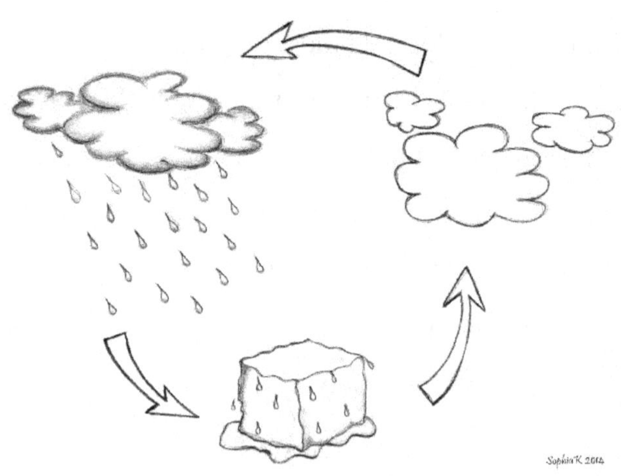

«Un ottimo esempio! – Disse Blu – Quindi, Jimi, qual è la morale della favola?»

«*Che le cose cambiano forma ma non perdono la loro essenza.*»

«Mi stupisci, ragazzo! Non l'avrei saputo spiegare meglio!» Si complimentò Blu.

«Proviamo ad applicare, con un po' di fantasia, lo stesso esempio alle persone. – continuò Blu – Quando abitiamo un corpo abbiamo una forma, come il *ghiaccio*; quando lasciamo il corpo non siamo più visibili a occhio nudo, come l'*acqua* che evapora; poi andiamo in cielo, come le *nuvole*, e lì pensiamo al luogo in cui piovere per vivere un'altra avventura. Quando abbiamo deciso, diventiamo *pioggia* e, al momento giusto, di nuovo *ghiaccio*! Saremo un ghiacciolo diverso e, magari, in un'altra parte del mondo!»

«Quindi non esiste la morte! – esclamò Jimi – Esiste solo un cambiamento di forma, cioè di corpo!»

«Come hai detto tu: *nulla si crea, nulla si distrugge*. – ribadì Blu. – Non ti senti più sollevato con questa conclusione?»

«Sì! Molto! Perché ora so che mia nonna ha lasciato il suo corpo, ma è ancora viva e lo sarà per sempre! Anche se in forme diverse!» Capì Jimi, finalmente entusiasta.

«Ora, però, voglio capire perché si muore, o meglio: perché si lascia il proprio corpo e come si finisce in un altro?»

«Ottime domande, Jimi! – rispose Blu – Vediamo se ti piace questa visione delle cose: *la vita è una grande avventura* in cui esistono infinite possibilità. Ciascuno di noi, in fondo, è curioso e desidera sperimentare il più possibile. Per alcune avventure però, il corpo che abbiamo non va bene. Ad esempio, come mi vedi a fare la ballerina di danza classica con un tutù rosa saltellante?»

«Ah! Ah! Ah!» Rise Jimi a crepapelle! «Ma con il tuo corpo… come faresti? Saresti ridicolo! Ah! Ah! Ah!»

«Sono d'accordo! Sarei buffissimo e soprattutto… non riuscirei a farcela! Sono un omone grande e grosso e il mio corpo non va bene per danzare come una creaturina leggiadra – rimarcò Blu –

Supponi però che io voglia fare davvero quella esperienza. Alla fine di questa vita esprimerei il mio desiderio: voglio essere una ballerina di danza classica! E quel desiderio, proprio come nel Giardino delle Infinite Possibilità, creerà la mia nuova realtà, con un corpo e un ambiente adatti.»

«Quindi – intuì Jimi – è probabile che molte delle persone che vedo siano state, di vita in vita: uomini, donne, poveri, ricchi, violenti, pacifici, belli, brutti, sani, ammalati, poliziotti, ladri, e così via?»

«Proprio così. Per poter sperimentare tante avventure diverse.» Disse Blu. «Puoi chiamarla, se vuoi, *reincarnazione*.»

«Mi sembra una figata!» Disse Jimi.

«È solo uno strumento.» Continuò Blu. «Diventa una figata, come dici tu, quando sai come funziona. Altrimenti ha un rovescio della medaglia.»

«Cioè?» Chiese il bambino.

«Ricordi l'*Effetto Boomerang*?»

«Sì! *Quello che faccio agli altri mi torna indietro*; così anch'io proverò la loro stessa emozione e capirò l'effetto delle mie azioni.» Ripeté Jimi.

«Ottimo! E cosa succederebbe – domandò Blu – se le tue azioni non ti tornassero indietro nella stessa vita in cui le hai compiute, oppure se tu non avessi imparato la lezione?»

«Forse… mi tornerebbero indietro in un'altra vita, finché non capisco la lezione.»

«Esatto, Jimi! Quindi la reincarnazione si basa sia sulle esperienze nuove che vuoi fare, sia su quelle vecchie dalle quali non hai ancora acquisito saggezza.»

«Quindi… – rifletté Jimi – più divento saggio in questa vita, più libertà di scelta ho per il futuro?»

«Proprio così! Per questo ti invito a trattare bene te stesso e gli altri, e a comprendere sempre cosa stai causando con le tue azioni!» Lo spronò Blu.

«E se io sperimentassi tutto quello di cui ho voglia e capissi ogni lezione?» Chiese Jimi.

«*Non avresti desiderio di reincarnarti qui.*» Disse Blu. «Magari su un altro pianeta o in un altro universo.» Continuò il maestro.

«*Altro pianeta? Altro universo?*» Si stupì Jimi.

«Hai mai visto le stelle di notte, Jimi? Quante sono?»

«Un'infinità, e mi piacciono molto!»

«Ti sembra strano che nell'infinito… ci siano altre creature?» Fu il quesito di Blu.

«A dire il vero, ora che mi ci fai pensare, mi sembra più che probabile!»

«È pura logica, Jimi, pura logica.» Concluse Blu.

«Ma… se volessi… potrei vivere in questo mio corpo per centinaia di anni o addirittura… per sempre?»

«*Esistono infinite possibilità, Jimi.*»

«Però… non conosco nessuno che l'abbia fatto.» Confessò candido il bambino.

«Questo non significa che sia impossibile.» Rispose Blu.

«Già… – disse Jimi – In fondo, prima che inventassero l'aereo, si pensava che l'uomo non potesse volare!»

«Ottimo esempio!» Esclamò entusiasta il maestro.

«Un'ultima domanda, Blu: cosa sono il *Paradiso* e l'*Inferno*?»

«Rispondimi tu, Jimi! Cosa intendi con quei due nomi?»

«Paradiso è quando stai proprio bene; Inferno è quando stai proprio male.» Descrisse Jimi.

«E hai bisogno di morire per incontrare questi due stati d'animo?» Gli domandò Blu.

«Be', no… in un caso mi basta avere buoni pensieri, nell'altro cattivi pensieri. E la realtà si crea!»

«Perfetto, Jimi! *Paradiso e Inferno, quindi, non sono luoghi esterni, ma stati d'animo.* E il modo in cui ci sentiamo dipende dai nostri pensieri. Nessuno ci costringe a pensare bene o male. È una nostra scelta!» Disse Blu.

«Quindi…. niente corna, fiamme e forconi?» Chiese Jimi.

«Assolutamente no! – ridacchiò Blu – Quelle cose usale per mascherarti a Halloween!». E anche il piccolo rise di gusto!

La mattina seguente, quando si svegliò nel suo letto, Jimi guardò le nuvole pensando a quale avventura avrebbe progettato la sua dolce nonnina. Prima di andare a scuola, dentro di sé pensò: "Nonna, so che sei viva ma non ti vedo. Per esserne proprio sicuro sicuro, mandami un segno, come fanno i fantasmi! E divertiti, lassù! Ciao, nonnina!"

L'Isola dell'Abbondanza

Capitolo Otto

Appena arrivato a scuola, Jimi incontrò la sua maestra che, addolorata, gli disse: «Mi dispiace, caro. Ho saputo di tua nonna.» E Jimi, senza perdere lo slancio della corsa verso i giochi, rispose: «Non si preoccupi, maestra: sta progettando un'altra avventura!» La maestra non era sicura di aver capito bene. Era tuttavia contenta che Jimi fosse di buon umore!

Fu una giornata molto piacevole, anche se in casa c'era ancora tristezza per la morte della nonna. Non sembrava che la mamma di Jimi e Mark avessero in testa l'esempio del ghiaccio, delle nuvole e della pioggia. Inoltre i due discutevano di come alcuni parenti fossero insensibili, di come gli amici fossero spariti nel momento del bisogno, delle bollette da pagare e dei soliti dissapori.

Jimi si stupì della vita infelice di molti adulti e decise di chiederne il perché a Blu.

Anche quella notte lui si presentò raggiante.

Senza esitare, Jimi gli chiese: «Perché, se le regole della vita, cioè del Giardino delle Infinite Possibilità, sono così semplici, le persone non sono tutte felici e in pieno possesso della propria esistenza?»

«*Perché questo non è un pianeta libero.*» Rispose Blu. «Le regole del Giardino delle Infinite Possibilità non sono insegnate, vengono nascoste o ridicolizzate.»

«E come mai?»

«Perché in questo modo le poche persone che governano il mondo possono sottomettere la maggior parte della popolazione e farla lavorare per i propri scopi.»

«Ma non è possibile! Come si fa a controllare un mondo?» Il piccolo Jimi restò turbato.

«Dimmelo tu! – rispose Blu – Ti piace la Natura?»

«Certo!»

Qualche attimo dopo, a Jimi apparve la più bell'isola mai vista: un'incantevole, gigantesca terra emersa, con spiagge dorate, montagne, cascate, foreste, uccelli sgargianti e i frutti più colorati e squisiti che avesse mai immaginato.

«Benvenuto nell'Isola dell'Abbondanza!» Lo accolse Blu.

«Wow! È meravigliosa! Chissà come sono felici i suoi abitanti!» Replicò Jimi.

«Sì! È un posto pacifico dove ognuno coglie dalla Natura tutto ciò che desidera. Le persone vivono in pace, amano e rispettano la loro isola e festeggiano per celebrare le stagioni e la ricchezza dei raccolti.» Disse Blu.

«Ora dimmi, Jimi – continuò il maestro – se tu volessi sottomettere queste persone per rubare tutte le loro risorse e renderle schiave, come faresti?»

«Io non lo farei mai!» Rispose stupito il piccolo Jimi.

«Lo so! Ma dimmi come faresti.»

«Be'… innanzitutto troverei un modo per diventare il loro capo.» Cominciò il bambino.

«Come?» Lo sollecitò Blu.

«Userei la mia conoscenza per far credere loro che è più importante conoscere la storia, la cultura e la grammatica, piuttosto che godersi semplicemente la Natura. Li farei sentire in qualche modo *inferiori* e *bisognosi di aiuto* per vivere al meglio.»

«Ottima idea! Prosegui, Jimi.»

«Una volta ottenuto il potere in base alla mia presunta superiorità, istruirei le persone *per farle ragionare tutte nello stesso modo*. Starei però ben attento a non trasmettere tutte le mie conoscenze, ma solo il minimo necessario per farli lavorare sodo, altrimenti qualcuno potrebbe diventare bravo come me e riprendersi il potere.»

«Mossa intelligente! Continua!» Lo incoraggiò Blu.

«Dovrei trovare un modo per trasformare il loro lavoro in qualcosa di utile per me. Se pagassero le tasse in natura, non potrei mangiare una tonnellata di banane da solo! Bisognerebbe inventare qualcosa che io possa accumulare e utilizzare con calma. Tipo… il *denaro*! – disse Jimi – E poi farei in modo che solo io lo possa stampare e che tutti lo debbano usare per poter avere qualsiasi cosa. Così tutti dovrebbero comprarlo da me, e pagarmi anche gli interessi!»

«Mi stupisci, ragazzo! Un piano da vero dittatore! Altre idee?»

«Dovrei fare in modo che nessuno si ribellasse! Inventerei una sorta di *morale*, un codice di condotta. Ad esempio potrei dire che io sono l'unico Dio, o che sono l'unico che può parlare per conto di Dio, o che solo io conosco la strada per la felicità. E chiunque disobbedisca a queste regole… vediamo… andrà all'inferno! Così tutti si spaventano e fanno i bravi.» Terminò soddisfatto il bambino.

«Questo è un grande classico! – ridacchiò Blu – Vai pure avanti, Jimi.»

«Be', dovrei evitare che le persone parlassero troppo fra loro di argomenti intelligenti, altrimenti qualcuno scoprirebbe il trucco!» Sorrise birichino Jimi. «Ci vorrebbero dei *giornali* che dicessero soltanto quello che voglio io e magari una *televisione*, così tutti si distrarrebbero! Inoltre, siccome i pensieri diventano cose, se facessi pensare tutti a modo mio, si creerebbe la *mia* realtà e non quella degli altri!»

«Agghiacciante!» Si congratulò Blu. «E se volessi fare ancora più soldi?»

«Potrei inventarmi qualcosa da vendergli. Potrei creare il *bisogno* di avere, ad esempio, dei pantaloni o una camicia, oppure un certo aspetto, o nuovi mezzi di trasporto e case. Così tutti sarebbero invogliati a comprare e lavorerebbero ancora più sodo per procurarsi cose inutili. E io guadagnerei tanto, sia sulle vendite… che sulle tasse!»

«Geniale, Jimi! – disse Blu – E se ogni tanto volessi rimescolare le carte? Cosa faresti?»

«Be'… farei scoppiare una *guerra*. Così si venderebbero armi e si ricostruirebbero le case.» Concluse Jimi.

«Ok, Jimi. Vedi molte differenze tra il piano che hai inventato e il mondo in cui viviamo oggi?»

«Purtroppo… no!» Rispose Jimi rattristato. «Adesso ho capito cosa intendevi dicendo che non viviamo in un pianeta libero!»

«Bene, sono felice che tu abbia riflettuto su questo argomento.» Esclamò Blu.

«Ma… – chiese Jimi – io posso essere comunque libero?» Chiese Jimi.

«Certo! *La libertà è nella tua mente.*» Rispose Blu. «Quando sei consapevole di come funziona il mondo, sai *pensare a modo tuo* e, quindi, sai *creare la realtà che* TU *vuoi.*»

A notte fonda, Jimi si svegliò di soprassalto, tutto sudato, pensando a come avesse facilmente costretto in schiavitù un'isola di gente felice.

"Certi argomenti fanno molto riflettere!" Pensò Jimi tra sé e sé. "Io voglio un mondo migliore e inizierò da me stesso!" Fu il suo ultimo pensiero prima di riaddormentarsi.

Poco dopo… nel sonno… gli sembrò di udire la voce di Blu che diceva: «Sono fiero di te, ragazzo!»

Una Bella Scorpacciata

Capitolo Nove

Il giorno seguente Jimi decise di alzarsi presto e di andare a scuola a piedi. Mentre camminava, ripeteva a voce alta la sua nuova frase preferita, con cui ormai creava ogni giornata: «*Io sono sempre stato un genio!*»

Durante le lezioni guardò più volte Susie, la bambina della macchinetta degli snack, e si convinse che gli piaceva davvero molto. Decise quindi di applicare le sue conoscenze per creare un incontro con lei nel pomeriggio. Gli vennero in mente le regole del Giardino delle Infinite Possibilità: "*Esistono infinite possibilità*" e "*I pensieri diventano cose*".

"Sarà una passeggiata!" Pensò Jimi.

Finita la scuola, andando verso il parco nella speranza di incontrare Susie, Jimi cominciò a pensarla, ma subito si fece distrarre dalla vetrina di un negozio di skateboard. Dopo un po' riprese a camminare e a pensare a Susie, ma incontrò Matt e si fermò a fare due chiacchiere. Continuò il suo cammino e una *vocina* dentro di lui si fece sentire: «Ma come fai a piacere a Susie? E se la incontri cosa le dirai? Dai! Non ti ha mai salutato, a parte quella mattina!»

Un po' distratto, un po' disilluso, Jimi proseguì verso il parco.

Susie non c'era e neppure la trovò al campetto né lungo la strada. Pieno di dubbi e di domande sul perché non fosse riuscito a creare quell'incontro, anche quella notte Jimi chiese a Blu di comparire per aiutarlo a capire. Ormai sicuro che sarebbe apparso, si addormentò presto per godersi una nottata di nuove avventure e comprensioni. Verso mezzanotte si sentì scuotere nel sonno.

«Ehi, Jimi! Prima mi chiami e poi fai il dormiglione?»

«Ah! Ciao, Blu! Scusa ma… stavo facendo un bel sogno! Stavo sognando una mia amica.»

«Allora, qual è la tua domanda?» Chiese Blu.

«Perché quando mi hai portato nel Giardino delle Infinite Possibilità tutto accadeva immediatamente, mentre nella mie giornate, a volte, non riesco a creare velocemente incontri e situazioni piacevoli?» Domandò il piccolo.

«Ti piace la pasta, Jimi?»

«Sì, molto! Ma, scusa, cosa c'entra il cibo adesso?»

E in un istante la cameretta di Jimi divenne la cucina più grande e attrezzata che il bambino avesse mai visto: grandi fornelli, pentole di rame e scaffali che ospitavano ogni golosità erano tutto intorno a lui.

«Gli spaghetti andrebbero bene?» Chiese Blu.

«Sì, perfetto! – rispose Jimi – Ma vorrei una risposta, non un piatto di pasta!»

«Calma Jimi, calma! Non è bello godersi la vita mentre s'impara?» Lo tranquillizzò Blu.

«Be'… sì.»

«Allora, spiegami nel dettaglio come creare un buon piatto di spaghetti.»

«Innanzitutto… dobbiamo scegliere con quale sugo condirli! Ad esempio, con il pomodoro. Poi, dobbiamo prendere una pentola con acqua e sale e metterla sul fornello. Quando l'acqua bolle, buttiamo gli spaghetti e li scoliamo dopo una decina di minuti. Li condiamo e ci facciamo una bella scorpacciata!»

«Esatto! Lo stesso vale per qualunque cosa vogliamo creare.» Rispose Blu. «La prima cosa da fare è avere *un'idea chiara* di ciò che desideriamo. La seconda è mettere il nostro sogno… '*sul fuoco*'.»

«Sul fuoco?» Si meravigliò Jimi.

«Sì. I nostri pensieri diventano cose SE ci focalizziamo su quei pensieri.» Continuò Blu. «'FOCUS' è la parola che usavano i Romani per dire 'fuoco'. Oggi usiamo questo termine per dire che il nostro cervello rimane *concentrato su un unico pensiero per un lungo periodo*. Un po' come il fornello sotto la pentola della pasta: non puoi spegnerlo prima che sia cotta.»

«Ah! Ho capito!» S'illuminò Jimi. «Altrimenti qualunque cosa si materializzerebbe! Ad esempio: penso a un mostro per qualche secondo e me lo trovo nella stanza!»

«Sì, se ti piace mettila così.» Rispose Blu. «Se davvero vuoi una cosa, il Giardino delle Infinite Possibilità lo capisce perché continui a pensarci, e allora la crea.»

«Ora parliamo dell'acqua e della pentola.» Disse Blu. «La pasta cuoce in dieci minuti in una pentola non tanto grande e in un paio di litri d'acqua. Cosa succederebbe, Jimi, se per fare la nostra porzione di pasta usassimo una pentola per cento persone e la riempissimo con cinquanta litri d'acqua?»

«Ci metteremmo delle ore!»

«Proprio così! Perché aumenteremmo la *resistenza* al fuoco.» Spiegò Blu. «E se aprissimo anche la finestra, col vento che soffia dritto sui fornelli e li spegne di tanto in tanto?»

«Mangeremmo domani sera!» Rispose Jimi.

«Ci sei, ragazzo!» Disse Blu. «Ora, analizza i tuoi pensieri riguardo a Susie durante la giornata di oggi e dimmi se trovi qualche collegamento con il cucinare gli spaghetti.»

«Dunque... – iniziò Jimi – avevo una chiara idea di voler incontrare Susie, quindi questo l'ho azzeccato! Poi, in realtà, l'ho pensata un po' sì e un po' no, senza convinzione, come se avessi spento e acceso il fornello più volte. E mi sono anche lasciato distrarre da mille cose, tipo gli skateboard e gli amici, come se avessi aperto la finestra sul fornello. Poi, non credevo di incontrarla veramente: dentro di me sentivo di non piacerle; è come se avessi scelto un pentolone da mille persone!»

«Bravo! Hai fatto un'analisi eccellente!» Rispose Blu. «Quando vuoi una cosa, abbi le *idee chiare, immagina costantemente* ciò che vuoi e *non lasciarti distrarre* dall'esterno. *Rimuovi ogni resistenza,* cioè i tuoi dubbi, e *credi fermamente* che la otterrai!» Disse Blu. «Anche il *non credere* in ciò che vuoi è un pensiero che diventerà una cosa! Cioè... la mancata realizzazione di ciò che vuoi!»

«Adesso ho capito!» Esclamò Jimi.

«Ora un'altra riflessione... » Blu fece una pausa, poi chiese: «Perché vuoi incontrare proprio Susie?»

«Perché vorrei vivere l'amore e lei è molto carina.» Fu la risposta di Jimi.

«E se lei avesse altri progetti?» Chiese Blu.

«Avrei il cuore spezzato…» S'intristì Jimi.

«Quindi, Jimi, metti la tua vita nelle mani degli altri?»

«In effetti… non avrei nessun controllo sulla situazione!» Rifletté il bambino. Poi chiese: «Qual è un modo saggio per vivere una situazione del genere?»

«Qui ci vuole il mio amico Jean Pierre!»

Blu non fece neppure in tempo a nominarlo che entrò un omone alto, con un gran pancione, due guance paffute e un cappello bianco lungo lungo.

«Per servirvi, signori!» S'inchinò Jean Pierre.

«Lui è il miglior cuoco del mondo!» Lo presentò Blu.

«Allora, cosa vi piace? Carne o pesce?» Domandò Jean Pierre.

«A me la carne!» Scelse Blu. «A me il pesce!» Scelse Jimi.

«E i dolci, li gradite?» Propose Jean Pierre.

«Sì!» Risposero entrambi.

«Accomodatevi in sala! Un attimo e sono da voi!» Disse Jean Pierre.

Jimi e Blu si sedettero l'uno di fronte all'altro, in un bel tavolone, come quello dei re nei castelli.

Era una cena a lume di candela, davanti a un maestoso camino scoppiettante.

Qualche minuto dopo, una sfilza di camerieri servì un'infinità di portate, a base di carne per Blu e di pesce per Jimi.

A quel punto, il bambino domandò stupito: «Perché Jean Pierre non ci ha chiesto precisamente quale piatto volessimo?»

«Perché lui è il miglior cuoco del mondo e questo è il miglior ristorante del mondo.» Rispose Blu. «Quindi, ciò che ti è stato servito, secondo i tuoi gusti, è il meglio che esista, solo che non lo sai ancora!»

«Mmm! In effetti… è davvero tutto delizioso!» Ammise Jimi.

«Avresti preferito spaghetti e hamburger?»

«No di certo! Ma non avrei saputo scegliere queste prelibatezze perché non le conoscevo.»

«Vedi Jimi, la vita funziona allo stesso modo: è un banchetto infinito. Una volta che hai espresso i tuoi gusti, devi *lasciarti sorprendere* dalle tante novità e varietà che potrebbero piacerti ben più delle cose a cui sei abituato.»

«Vuoi dire, ad esempio, che se sto cercando l'amore devo chiedere **AMORE** e non Susie?» Domandò Jimi.

«Sì, Jimi! Molte persone soffrono perché vogliono una persona specifica, dimenticando che anche quella persona crea la sua realtà, che magari non li include. Proprio come hai fatto qui con il pesce: chiedi la *categoria* di ciò che vuoi, e stai pur certo che avrai la miglior scelta di assaggi per te! Se qualcosa non ti va, puoi sempre lasciarlo e provare altro. Magari ti fidanzerai con Susie, oppure con Mary, Daisy o Lucy! Se stai vivendo l'amore con una qualsiasi di loro, non è importante il loro nome o il loro aspetto: quel che conta è che *stai vivendo l'emozione che volevi sperimentare!*»

«E se volessi del *denaro*?»

«Stesso discorso! – rispose Blu – Perché vuoi del denaro?»

«Perché mi dà un senso di libertà. Potrei portare la mia famiglia a Disneyland!» Fu il primo pensiero di Jimi.

«Allora chiedi LIBERTÀ! – continuò Blu – Quando sei libero, per definizione, sei libero di fare ciò che desideri e quindi devi avere per forza i mezzi per farlo.»

«Certo! Quando sono LIBERO, sono LIBERO di viaggiare, LIBERO di prendermi del tempo per me, LIBERO di avere tutto ciò che desidero. Altrimenti, che libertà sarebbe?»

«Esatto, Jimi! Ricordi la Casa degli Specchi? La vita riflette ciò che sei: se ami te stesso e gli altri, avrai **amore**; se sei libero, avrai tutti gli strumenti per goderti la tua **libertà**.» Riassunse Blu.

«Che bello, arrivano i dolci! Una buona occasione per ringraziare di tutta questa abbondanza!» Esclamò Jimi.

«Bravo, ragazzo! Sii sempre grato: la vita è un dono! Fanne tesoro!» Disse Blu.

«Il miglior ringraziamento – ridacchiò Jean Pierre – è che tu abbia assaggiato tutto!»

«Frase da maestro!» Commentò Blu. «L'importanza di *cogliere tutte le opportunità!*»

Il Bosco dell'Evoluzione

Capitolo Dieci

Quella mattina Jimi si stupì di non aver fame. Poi si ricordò di tutto quello che aveva mangiato con Blu la notte prima e si fece una bella risata. A dir la verità... gli scappò anche un ruttino!

A scuola, durante l'ora di ginnastica con tutte le altre classi, Jimi scivolò e si sbucciò un ginocchio. Prima che potesse rialzarsi, vide davanti a lui una bambina di nome Jessie che gli porgeva un asciugamano. Non l'aveva mai notata. Forse era meno graziosa di Susie, ma Jimi la trovò adorabile. Quella gentilezza gli aprì il cuore e Jimi si specchiò subito in lei. Rivide lo stesso sguardo, gentile, indipendente, curioso, brillante, che Jimi iniziava a riconoscere in se stesso.

«Grazie.» Disse Jimi.

«Figurati!» Rispose Jessie, e tornò a giocare.

Jimi cercò Jessie per tutto il pomeriggio.

Quando infine la trovò nel parco, vicino al fiume, giocarono insieme fino a sera, contenti semplicemente di esistere.

Susie era uscita di scena: ormai, per Jimi esisteva solo Jessie!

I due si frequentarono tutti i pomeriggi e possiamo dire che… s'innamorarono! Jimi, immerso in questa nuova emozione, iniziò a fantasticare sul suo futuro. Purtroppo, alla fine di ogni giornata faceva i conti con il suo presente, che non gli consentiva di realizzare i suoi sogni. Così, una sera chiese di nuovo ispirazione a Blu; lui, come sempre, apparve radioso.

«Qual è la tua domanda questa notte, Jimi?»

«Negli ultimi giorni sono nati in me grandi sogni: cambiare città, andare a vivere con i miei zii e… diventare un grande scienziato.»

«Che meraviglia!» Replicò Blu.

«Già, sono delle belle fantasie, ma credo siano tutte irrealizzabili… Magari la mia famiglia non vorrà lasciarmi andare, e poi non ci sono abbastanza soldi per iscrivermi a una scuola privata e all'università.» Disse rattristato il piccolo Jimi.

Poi domandò: «Quindi, Blu, devo rinunciare ai miei sogni?»

«Gran bella domanda! Seguimi nel Bosco dell'Evoluzione!» Lo invitò il maestro.

E dal suo mantello si aprì un bosco immenso, pieno di alberi altissimi, vestiti dei colori d'autunno, con ruscelli limpidi e prati verdissimi, illuminati qua e là dai raggi del sole che filtravano tra i rami.

Quel bosco ispirava una gran pace ma, a guardar meglio, c'era parecchio traffico! Ovunque si girasse, Jimi vedeva piccoli e grandi animali dediti al lavoro: scoiattoli in cerca di noci, formiche che trasportavano cibo, coccinelle svolazzanti, api che banchettavano su mille fiori colorati e tante farfalle dalle ali magnifiche.

«Che splendide farfalle!» Disse Jimi.

«Perché ti piacciono le farfalle?» Domandò Blu.

«M'ispirano un senso di libertà, di leggerezza...» Rispose il piccolo.

«Conosci la storia della farfalla dei mari, quella con le ali blu e dorate che vedi lassù?» Chiese Blu.

«No, e non credevo che ci fossero farfalle... dei mari! Raccontamela!»

E Blu iniziò il suo racconto: «La farfalla dei mari è la più coraggiosa di tutte! Nacque tanti, tanti secoli fa, proprio in questo bosco, dove viveva un bruco di nome Audace.

Audace passava i suoi giorni su questo albero. Mangiava foglioline verdi, chiacchierava con tutti gli insetti che vedi qui intorno e stava ben attento a non finire nella tela di un ragno o nelle mire di qualche uccellino. Le sue giornate erano tutte uguali e continuava a ingrassare.

Audace era contento perché aveva tutto quello che gli serviva per *sopravvivere*, il bosco è sempre stato molto abbondante, ma era dispiaciuto perché gli mancava tutto quello che gli serviva per *vivere*: **l'avventura**.

Ogni tanto saliva in cima all'albero e in lontananza scorgeva luoghi meravigliosi che lui, con la sua corporatura, non avrebbe mai potuto raggiungere.

Piccolo e grassoccio com'era, Audace non sapeva proprio come fare. Per molti mesi pensò di rinunciare ai suoi paesaggi, anzi, fu a un passo dal decidere di non andare neppure più a vederli dalla cima dell'albero, per non soffrire più della sua impotenza.

Una notte, però, s'infilò nel tronco di questo magnifico albero e fece un sogno meraviglioso: sognò di essere una farfalla, leggiadra e variopinta; sognò di volare, di fiore in fiore, attraverso le valli che scorgeva dalle fronde dell'albero.

Profumi, brezzoline e colori attraversarono il corpicino di Audace, in una sensazione mai provata.

Quel sogno lo appassionò così intensamente che non si svegliò per lungo tempo.

Di tanto in tanto, prendeva coscienza e gli sembrava di sciogliersi.

Perdeva interesse verso il piccolo mondo in cui aveva abitato sino a allora, per tutte le foglioline che aveva mangiato e per le chiacchiere monotone con gli altri insetti.

Non sapeva più chi fosse e vedeva il suo corpo liquefarsi.

Quel sogno era inebriante!

Così, Audace continuò a sognare…

Poi un mattino si guardò e… non era più lui!

Ali blu dai bordi dorati, zampe lunghissime e un corpicino agile erano il suo nuovo abito!

Quando provò a muoversi, Audace si sollevò in aria e, spinto dal vento, si trovò in un batter d'ali oltre la cima degli alberi, a vedere il cielo senza ostacoli, nella sua straordinaria immensità!»

«E raggiunse la valle?» Chiese Jimi.

«Sì. – disse Blu – E si godette anche tutto il percorso! Curiosò in ogni angolo e sperimentò tutte le sue nuove, formidabili abilità.»

«E perché si chiama farfalla dei mari?»

«Perché quando arrivò alla valle, Audace scorse un altro panorama, che non si vedeva neppure dall'albero più alto del Bosco dell'Evoluzione. Non poteva immaginare che oltre la valle, a una così grande distanza, esistesse tanta acqua luccicante, di giorno azzurra, baciata dai raggi del Sole, e di notte blu, accarezzata dalla Luna che amava specchiarvisi.»

«E quindi?» Disse Jimi, sempre più impaziente.

«Per molti giorni, Audace attraversò numerose valli, ruscelli e colline, fino a raggiungere la tanto desiderata spiaggia, per godere di un mondo tutto nuovo.»

«E restò lì?»

«No – continuò Blu – Perché Audace, a quel punto, vide in lontananza un enorme veliero e si domandò dove andasse. Così, volò fino a quell'imbarcazione e si posò sulla prua, annusando la salsedine. Poco dopo, la nave salpò e Audace pensò: "Questa sì che è **avventura**!"

Durante il viaggio, la piccola farfalla vide cose splendide e inimmaginabili: grandi tempeste e orizzonti sconfinati, uccelli dai mille colori e pesci salterini. Fin quando, durante una splendida alba, approdò in una terra incantevole. Audace non riconobbe nulla di ciò che vedeva: l'acqua era cristallina, gli alberi mostravano i frutti più golosi che avesse mai immaginato e i fiori, dalle sfumature sgargianti, erano come coppe dai profumi inebrianti. Audace era arrivato ai Tropici.» Disse Blu.

«E cosa successe poi?» Chiese Jimi.

«Dopo un lungo periodo su quella terra incantevole, la nostra coraggiosa farfalla s'imbarcò su un altro veliero e tra mille avventure tornò al Bosco dell'Evoluzione, dove raccontò a tutti ciò che aveva visto. Ma nessuno le credette! Una tale meraviglia andava *oltre i confini della loro immaginazione*.

Un giorno, però, un piccolo bruco sognatore si lasciò incantare dai racconti di Audace e anche lui decise di vivere quel viaggio avventuroso. Nacque così la stirpe delle farfalle di mare.» Concluse Blu.

«Che bello! Credo di aver imparato molte cose da questa storia.» Disse Jimi.

«Bene! Parlamene!»

«Innanzitutto – disse il bambino – non devo farmi spaventare dalla grandezza dei miei sogni.»

«Sì, Jimi! *Sogna ciò che desideri, non quello che ritieni possibile!*» Lo incitò Blu.

«Poi – continuò il piccolo – non devo farmi frenare dalle mie circostanze attuali.»

«Bene! – esclamò Blu – *Non giudicare secondo le apparenze!* Un bruco è solo… una farfalla che non si vede ancora!»

«Poi – aggiunse Jimi – proprio come Audace nella sua trasformazione, devo essere disponibile al cambiamento!»

«Esatto! – disse Blu – Se *vuoi* di più, devi *essere* di più.»

«Inoltre – proseguì Jimi – devo vincere la paura e lasciarmi alle spalle il mondo a cui sono abituato: non posso essere un po' bruco e un po' farfalla!» Proseguì Jimi.

«Giusto! – ribatté Blu – *Quello che il bruco chiama "fine del mondo", la farfalla lo chiama "inizio"!»*

«Poi – continuò Jimi – devo osare e sperimentare una realtà

nuova!»

«Sono d'accordo! – affermò Blu – *Meglio essere una farfalla principiante che… un bruco esperto!*»

«E infine – disse Jimi – ogni volta che realizzo un sogno ho un trampolino per sogni più grandi!»

«Grandioso! – concluse Blu – *Mai giudicare il futuro con gli occhi del presente!* Anche se ora non vedi tutte le strade, la vita ha in serbo per te *l'infinito*, se… sei disposto a prendertelo!»

Jimi era felicissimo: aveva capito l'importanza di coltivare i propri sogni! Durante la notte, ovviamente, sognò farfalle ovunque!

Quando si svegliò, guardò dalla finestra e, per la prima volta, fece caso a un minuscolo bruco strisciante e rifletté sugli infiniti potenziali che anche la più piccola creatura porta con sé.

Quindi, ricordando la storia di Audace, pensò: "Se un bruco può diventare una farfalla, un essere umano può cambiare scuola e città!"

E corse verso il pulmino, coccolato dal suo sogno.

Una Straordinaria Rivelazione

Capitolo Undici

Nel pomeriggio, tutti i bambini andarono al parco per vedere una gara di skateboard.

Sulle rampe si esibivano i più grandi campioni locali.

Anche Jimi aveva la sua tavola. Esaltato dalle acrobazie dei campioni tornò a casa più veloce del solito e, mentre era intento a saltare un tombino, cadde e si ferì a una gamba. All'ospedale misero alcuni punti e raccomandarono a Jimi di stare fermo a casa, possibilmente a letto, per almeno tre giorni. La madre lo venne a prendere e, tra una sgridata e l'altra, lo portò fino in camera sua.

Jimi non riusciva a crederci: tre giorni a letto! Non poteva vedere i suoi amici, non poteva vedere Jessie, non poteva stare in giardino. Si preannunciava una noia infinita!

Il giorno seguente, non sapendo cosa fare, Jimi iniziò a leggere un libro, che gli aveva regalato il nonno alcuni mesi prima, dal titolo: *"La Storia Geniale"*. Narrava di scienziati e pensatori che hanno lasciato un segno nella storia dell'Umanità.

Dopo alcune pagine, Jimi fu colpito dal modo di pensare di uno di loro: *"Ogni problema porta con sé un'opportunità."*

"Ok! – pensò Jimi – Allora trasformerò questo mio incidente in un'occasione per imparare! Chissà… un giorno potrebbe anche tornarmi utile!"

Un altro pensiero espresso nel libro affascinò il piccolo lettore: "Tutte le informazioni sono già disponibili. Si tratta di fare una domanda e attendere la risposta: si chiama 'ispirazione'. *Un genio non pensa, è ispirato.*"

L'esempio in questione riguardava Isaac Newton il quale, nonostante studiasse giorno e notte nel suo laboratorio, scoprì la Legge di Gravitazione universale… sotto a un albero, grazie a una mela che gli cadde in testa!

"*Attendere l'ispirazione.* Interessante!" Pensò Jimi.

Proseguendo nella lettura, il piccolo si rese conto che quasi tutti i grandi pensatori dovettero confrontarsi con la **spiritualità** e con alcune importanti domande: esiste un Dio? E se sì, chi o cosa è? Qual è la sua funzione?

Erano le stesse domande che Jimi aveva in testa da tempo! Così, anche quella notte, chiese a Blu di tornare per affrontare l'argomento.

Immancabilmente, una sfolgorante fiammata blu invase la sua stanza.

«Ehilà, ragazzo! Grandi domande questa notte, eh?» Sorrise Blu.

«Eh, sì! – esclamò Jimi – Mi sembra che a proposito di Dio abbiano tutti idee diverse, per non dire... confuse!»

«Già! Intendiamoci bene però, Jimi: anche in questo caso io ho solo la *mia* verità. Quindi le mie risposte saranno solo una *favola* finché, con il tuo ragionamento e la tua esperienza, non ne avrai avuto conferma. D'accordo?» Disse Blu.

«Sì, affare fatto! Adesso, però, ti va di rispondere a quelle domande?»

«Certo, Jimi! Ma, prima di iniziare, voglio conoscere il tuo punto di vista sull'argomento: credi in Dio?»

«Non saprei… – rispose il bambino – Quando guardo le persone negli occhi, ad esempio mia sorella Lili o la mia fidanzatina Jessie, mi sembra che ci sia qualcosa di magico in loro, e lo stesso mi capita quando osservo la Natura, i fiori o gli animali. È come se tutto fosse tenuto insieme da una certa poesia: la definirei **amore**. Però non mi piace l'idea di un vecchio con la barba che ci guarda tutti dall'alto e decide se siamo giusti o sbagliati. Così come trovo poco credibile la storia di Adamo ed Eva: tutto quel pasticcio per una mela?»

«Capisco.» Si soffermò Blu per un istante. «Mi sembra di capire che credi in un Dio ma non ti piace il modo in cui te ne hanno parlato.»

«Esatto! – disse Jimi – Nessuna storia che ho sentito mi ha

convinto fino in fondo. E non mi piace credere in cose che non capisco!»

«Bene, è il momento di tornare nel Giardino delle Infinite Possibilità.» In un batter d'occhio, i due si ritrovarono nel verde, sotto un incantevole cielo azzurro.

«Allora Jimi, siccome credi in Dio ma non sai cosa sia, se tu dovessi individuarlo in questo posto, con cosa lo indentificheresti?»

«Con il giardino stesso!»

«Perché?» Chiese Blu.

«Perché dà origine a tutte le cose.» Rispose Jimi.

«Sono d'accordo!» Disse Blu. «Il Giardino, o Dio se preferisci, è il *padre* e la *madre* di tutte le cose.»

«La madre?» Si meravigliò Jimi. «Ma… Dio non è maschio?»

«Per fare un bambino basta il padre o è necessaria anche la madre?» Domandò Blu.

«Be', anche la madre.» Aggiunse Jimi.

«Perché allora ti stupisci che Dio sia anche madre?» Sorrise Blu.

«Effettivamente, ora che mi ci fai pensare, è ovvio che sia così.» Rispose il bambino.

«Adesso dimmi, Jimi, chi ordina al tuo giardino cosa creare?»

«Io stesso. I miei pensieri diventano cose.» Rispose lui.

«Quindi rifletti, caro: se il Giardino è Dio, chi è l'unico che può dare ordini a Dio?»

«Dio stesso!» Disse Jimi.

Poi, sbalordito, continuò: «Non vorrai mica dire… che… io sono Dio?»

«Sì, Jimi. *Così come lo sono tutte le altre persone*. È pura logica.» Disse Blu.

«In effetti – pensò il bambino – Dio non prenderebbe ordini da nessuno, se non da lui stesso!»

E poi disse stupito: «***Io sono Dio***: questo non me l'aveva mai detto nessuno!»

«Sai perché non te l'ha mai detto nessuno?» Chiese Blu

«Perché altrimenti sarei diventato *libero*? – disse Jimi – Proprio ciò che volevo impedire agli abitanti dell'Isola dell'Abbondanza?»

«Esatto! – rispose Blu – Quando sai che *esistono infinite possibilità* e che *i tuoi pensieri diventano cose*, puoi creare la TUA realtà e *nessuno può sottometterti o manipolarti!*»

«Ora mi spiego molte cose!» Si entusiasmò Jimi. «Ma cosa dice la Scienza in proposito?»

«Dimmelo tu.» Propose il maestro «Anche in base a quello che hai imparato dalla lezione di scienze, vedi molte differenze tra la frase: "*Esistono infinite possibilità*" e la frase "Dio è onnipotente?" oppure "Le vie del Signore sono infinite?"»

«No.» Replicò Jimi.

«Vedi molte differenze tra la frase: "*I pensieri diventano cose*" e la frase "Chiedi e ti sarà dato?"»

«No… Hanno lo stesso significato…» Comprese Jimi.

«Viviamo in una splendida epoca – disse Blu – in cui la scienza ha dimostrato in laboratorio quello che alcuni maestri spirituali insegnavano già nell'Antichità. Ora è più semplice capire come stanno davvero le cose!»

«Wow! Mi è tutto molto più chiaro adesso.» Confessò Jimi. «Però… ho altre domande…»

«Vai!» Lo spronò Blu.

«Qual è il piano di Dio per me?» Chiese Jimi.

«*Dio non ha un piano per te.*» Rispose Blu. «*Sei tu che devi avere un piano per Dio!*»

«Io?!?»

«Rifletti, Jimi: quando entri nel Giardino delle Infinite Possibilità, qualcuno ti propone cosa creare? Qualcuno ti impone cosa creare? Qualcuno sogna al posto tuo?» Disse Blu.

«Be', no! Sono io che decido cosa fare del Giardino delle Infinite Possibilità.»

«E se tu non pensassi a niente?» Domandò Blu.

«Non nascerebbe niente.»

«Quindi Jimi, cosa ne concludi?»

«Che Dio, o il Giardino delle Infinite Possibilità, prende forma grazie alla mia fantasia.»

«Esatto! – disse Blu – Per dirla in modo poetico, TU *sei la parte sognatrice di Dio.*»

«E perché c'è bisogno di me?» chiese Jimi, sentendosi piccolo piccolo.

«Perché le Infinite Possibilità sono solo... *possibilità*, finché qualcuno, con i suoi sogni, non dà loro forma.» Rispose Blu. «Il Giardino è un curiosone! *Grazie ai tuoi sogni la vita si espande.* Attraverso di te, Dio fa esperienza delle sue Infinite Possibilità. La tua funzione è **creare il nuovo**: ciò che non hai mai sperimentato.»

«Quindi – continuò Jimi – *non c'è bisogno di alcun intermediario tra me e Dio*? Qualcuno che mi dica cosa fare?»

E Blu girò la domanda, in modo provocatorio: «Per parlare con tuo padre o con tua madre devi passare dai tuoi cugini?»

«No!» Rispose Jimi.

«Appunto!» Concluse Blu.

«In effetti .... – disse Jimi – il Giardino mi lascia totalmente *libero* di fare o non fare qualsiasi cosa. Ogni mio pensiero si realizza senza alcun filtro o giudizio!»

«Proprio così! – rispose Blu – Si chiama **Libero Arbitrio**.»

«Che figata! Non avevo mai pensato di essere… un sognatore per conto di Dio!» Sorrise Jimi.

«Sogna, sogna sempre, amico mio! E goditi la meraviglia della tua unicità, che viene al Mondo per stupirti.»

"Wow!" Pensò Jimi, ancora scosso da tutta quella libertà che sentiva scorrere dentro di sé.

«Fantastico, vero? – esclamò Blu – Ora voglio festeggiare

questa tua nuova comprensione! Vieni Jimi, andiamo in un posto speciale!»

Poco dopo, i due si ritrovarono vicino al bosco, su una collina che domina la città.

«Cos'ha di speciale questo posto, Blu? È la collina della città!»

«Descrivimi cosa vedi.» Rispose lui.

«Un bellissimo cielo stellato, il fiume che brilla sotto la luna, il bosco con gli animali notturni, le foglie autunnali che si piegano al vento per poi risalire, e molto altro...»

«E non ti sembra un panorama speciale?» Chiese Blu.

«Sì! In effetti... spesso do per scontate le meraviglie della giornata.»

«E anche della nottata!» Ridacchiò Blu.

Il maestro si fece un po' più serio e rimase in silenzio per alcuni istanti. Osservò l'orizzonte, ammirò il cielo, annusò i profumi del bosco e poi, voltandosi lentamente verso Jimi, lo guardò dritto negli occhi e disse: «I miei insegnamenti sono finiti.»

«No! Ti prego Blu, rimani ancora!» Lo supplicò Jimi.

«Adesso è il momento in cui tu metta in pratica ciò che hai imparato.» Rispose lui. «Le mie parole non serviranno a nulla finché non diventeranno la *tua* esperienza.»

«Capisco. – disse il piccolo un po' rattristato – Però... come farò senza un maestro?»

«Incontrerai altri insegnanti lungo il percorso. – Rispose Blu – Ma ricorda sempre, Jimi, che *il tuo unico maestro... sei* TU *stesso*!»

«E quando non saprò che strada prendere, come farò a decidere?» Chiese il bambino.

«*Segui sempre ciò che ami,* anche quando ti sembra irrealizzabile, e *ascolta la voce della tua anima.*» Disse Blu. «Questo ti manterrà sulla strada giusta. Se avrai qualche disavventura lungo il tuo cammino, sarà solo per fornirti le *lezioni* di cui hai bisogno. Fanne tesoro!»

Poi il maestro, con un sorriso grande e pieno d'amore, incoraggiò il bambino: «Quando sarai in difficoltà, ricorda sempre che… *il sole è permanente, sono le nuvole a essere passeggere!*»

«Ora devo andare…» Concluse Blu.

«Aspetta! – Jimi lo trattenne ancora per un istante – Ho un'ultima domanda: ma tu… chi sei?»

«Mi chiamo *Jimi*.» Rispose Blu.

«Proprio come me!» Esultò il bambino tutto contento.

«Sì, perché io… sono te!» Disse Blu scoprendosi il volto.

«Sono te nel futuro. Sono la tua evoluzione. E sono venuto a prendermi cura di te bambino in un momento difficile. Ti amo, figliolo. Sono orgoglioso dei tuoi grandi progressi! Continua così! Un giorno ci riuniremo e vivremo insieme per sempre!»

Un attimo dopo, Blu e il suo splendido mantello svanirono nel nulla, lasciando Jimi a bocca aperta.

SORPRESA!

CAPITOLO DODICI

La mattina seguente, Jimi si svegliò pieno di energia. Andò in bagno a lavarsi i denti e, con tutto l'entusiasmo e l'ardore di un bambino, guardandosi allo specchio, disse: «Ciao Dio! Oggi sei in forma smagliante!»

Passarono alcune settimane e Jimi ebbe il tempo di riordinare le idee su tutte le straordinarie rivelazioni di quelle notti avventurose.

Le giornate erano decisamente migliori rispetto a quelle così cupe in cui, disperato, si trovò a piangere nel suo letto implorando risposte.

Adesso Jimi aveva nuova conoscenza e un bel po' di esperienza pratica.

Il suo pensiero fisso era quello di realizzare il sogno di cambiare città e diventare uno scienziato. Sebbene lo immaginasse ogni giorno intensamente, Jimi non ebbe risultati concreti per alcuni mesi.

Lui, comunque, non demordeva, ricordandosi che *"la pasta deve stare sul fuoco fino alla cottura!"*.

Un pomeriggio come gli altri, mentre passeggiava spensierato tra le vie della città, lesse questo annuncio in una bacheca: *"Scuola per Bambini Geniali – Selezioni domani alle 16 presso la biblioteca comunale."*

Jimi pensò: "Be'… siccome sono sempre stato un genio… mi prenderanno!"

La mattina seguente si svegliò molto determinato e decise di mettere a frutto le sue conoscenze per essere ammesso; così, prima di uscire di casa, ripassò mentalmente tutto ciò che aveva imparato in quei giorni.

Nel pomeriggio si presentò alle selezioni e gli prese un po' di agitazione, perché non sapeva esattamente in cosa consistesse il test.

Qualche minuto dopo entrò un esaminatore, il Signor Smith, che esordì dicendo: «Benvenuti! State tranquilli: oggi non ci saranno esercizi difficili o interrogazioni.»

Seguì un boato di gioia da parte dei bambini!

«Calma, calma! – riprese il Signor Smith – Stavo dicendo che oggi vi assegneremo un tema nel quale potrete esprimere in tutta libertà il vostro pensiero. Infatti, alla Scuola per Bambini Geniali non siamo interessati alla vostra preparazione tecnica, ma alla vostra *apertura mentale*, quindi alla vostra predisposizione a imparare e a creare cose fuori dal comune. Allora… ecco il titolo del tema: *"Il bicchiere è mezzo pieno o è mezzo vuoto?"* Avete trenta minuti. In bocca al lupo!» Concluse il Signor Smith, sedendosi dietro la cattedra.

I bambini si guardarono stralunati e, poco dopo, iniziarono a formarsi le diverse fazioni.

«Il bicchiere è mezzo vuoto!» Dissero alcuni bambini.

«No, è mezzo pieno!» Dissero altri, e si alzò un gran brusio.

«È un tema personale! – alzò la voce l'esaminatore – Svolgetelo da soli, in silenzio! Grazie.»

Allora i bambini abbassarono le loro testoline e iniziarono a scrivere, ciascuno sostenendo la propria idea.

Jimi non sapeva cosa rispondere al quesito.

Restò immobile per un po', guardando gli altri che avevano già scritto due o tre pagine.

Passati venti minuti, Jimi iniziò a preoccuparsi: non aveva ancora scritto nulla e il tempo stava per finire!

A quel punto si ricordò del libro letto quando aveva la gamba ferita e gli venne in mente una frase che lo aveva colpito: *"Un genio non pensa. Pone una domanda e attende l'ispirazione."*

E così fece anche Jimi: pose la domanda del tema dentro di sé e chiese un'ispirazione.

Poco dopo, la sua mano iniziò a scrivere di getto.

Questo fu il tema di Jimi:

"*Titolo*: Il bicchiere è mezzo pieno o è mezzo vuoto?

Svolgimento:

Il bicchiere è *sia* mezzo pieno *che* mezzo vuoto: è l'Osservatore che determina la realtà.

Siccome i pensieri diventano cose:

– chi osserva un bicchiere mezzo pieno, creerà una vita mezza piena;

– chi osserva un bicchiere mezzo vuoto, creerà una vita mezza vuota.

Entrambe le osservazioni sono corrette e le rispetto.

Io, però, desidero una *realtà completa* e sono attratto dalle infinite possibilità della vita.

Nella mia osservazione, quindi, il bicchiere è interamente pieno: dove non c'è acqua, c'è aria.

La vita non presenta mancanze, solo opportunità!"

Jimi consegnò il suo tema e andò nell'atrio in attesa dei risultati.

I temi vennero raccolti e portati nella sala riunioni.

Quello era un giorno speciale perché a esaminare i temi, oltre al Signor Smith, c'era il leggendario scienziato che, in un progetto top-secret del governo, inventò la macchina del tempo: il Professor John Alchemist.

Era un uomo di poche parole, molto autorevole e rispettato. Girava la Nazione alla ricerca di un bambino speciale, un bambino in grado di imparare concetti fuori dall'ordinario per progetti futuristici ancora da inventare.

Il Signor Smith portò i temi allo scienziato, che iniziò a sfogliarli.

Fece abbastanza in fretta a scartarne la maggior parte e commentò: «Questi ragazzi sono tutti in cerca della soluzione giusta. Mezzo pieno o mezzo vuoto. Sono ancora nei binari del pensiero collettivo.»

Il Prof. Alchemist stava per uscire sconsolato, quando, per ultimo, vide il tema di Jimi, scritto su poche righe di un'unica pagina, semplice ed efficace.

Lo lesse con attenzione per tre volte.

I suoi occhi diventarono lucidi. L'uomo di Scienza si commosse.

In quel tema rivedeva la sua intelligenza di quando era bambino; coglieva il potenziale degli stessi sogni che avevano ispirato i suoi studi.

«L'ho trovato!» Esclamò Alchemist.

Pochi minuti dopo, Jimi incontrò il grande scienziato nella sala riunioni.

«Complimenti, ragazzo! – disse Alchemist – Sei arruolato! Benvenuto a bordo!»

«Grazie professore, ma... lei deve sapere che io non sono proprio bravissimo a scuola, non vorrei deluderla.» Lo avvertì Jimi.

«A me non interessa da dove vieni – lo rassicurò il Professor Alchemist – mi interessa soltanto... dove vuoi arrivare!»

«Io voglio *creare il nuovo* e *esplorare l'infinito*!» Disse Jimi, con l'entusiasmo che solo un bambino può esprimere.

«Musica per le mie orecchie! – disse compiaciuto il professore – Ti aspetto tra due settimane a questo indirizzo.» E consegnò a Jimi il suo biglietto da visita.

"Ma... è nella città dove abitano i miei zii!" Pensò Jimi, pieno di gioia, vedendo il suo sogno realizzarsi.

«Professore – disse il bambino – lei deve sapere che la mia famiglia non ha molti soldi... non so come fare per trasferirmi!»

«È tutto pagato, caro! Farai parte di un progetto di ricerca per bambini geniali. Ora vai dai tuoi genitori e dì loro di contattarmi. Ciao.»

Il piccolo camminava a un metro da terra, o forse due. Sicuramente con la sua fantasia non era sulla Terra! Era in un futuro avveniristico.

Appena arrivato in casa, il piccolo Jimi raccontò l'accaduto pieno di entusiasmo.

La mamma non riusciva ancora a crederci: suo figlio era un genio!

Mark si avvicinò al bambino e gli disse: «L'ho sempre detto che eri in gamba, ragazzo!» Jimi, invece, pensò a tutte le volte in cui Mark lo aveva considerato meno di zero. Tuttavia, facendo tesoro della sua grande evoluzione avvenuta negli ultimi tempi, gli rispose da vero maestro, volto al futuro e non al passato: «Grazie Mark! Grazie per la stima.»

Dopo alcuni festeggiamenti e la conferma ufficiale da parte della scuola, il piccolo andò a godersi un meritato riposo.

Prese il suo portatile, s'infilò sotto le coperte, e iniziò a scrivere una lista di cose importanti da portare con sé. Dopo qualche minuto, però, era così stanco che si addormentò con il computer acceso.

La mattina seguente, Jimi si svegliò e si accorse che sullo schermo del portatile c'era una pagina intera con la scritta ripetuta: "JIMI – JI". Incredulo e sorpreso, il bambino pensò: "Ma… cosa succede? Da dove escono queste scritte? È impossibile! Tra l'altro… nessuno conosce il soprannome JIMI – JI! Solo la mia nonnina mi chiamava così. Era il nostro segreto!"

Allora, tutto scosso, fece mente locale. E poi scoppiò a piangere dalla gioia: «Nonna! Nonnina! – disse Jimi – Ecco il segno che ti avevo chiesto! Ma allora è tutto vero! Stai progettando un'altra avventura!»

Quella fu la notizia più bella degli ultimi giorni.

Dopo un po' Jimi si affacciò alla finestra e, dando uno sguardo al panorama, gli venne in mente un'altra frase del libro sugli scienziati e sui pensatori: "L'organo della vista non è l'occhio: è il cervello. *Ciò che vedi è solo ciò che credi*. Quindi, non devi vedere per credere, ma… *credere per vedere*!"

Allora guardò fuori con più attenzione e, ragionando in base a ciò che aveva recentemente imparato, andò *oltre le apparenze*.

Dapprima, per automatismo, vide il cielo, le colline, il fiume, gli alberi, i fiori, le case;

poi vide gli oggetti come i frutti del Giardino delle Infinite Possibilità;

poi li vide come atomi e elettroni;

poi come pura energia;

poi come Dio;

poi – di conseguenza – come… *se stesso*.

Fu un momento breve ma intenso.

Jimi, all'improvviso, capì di aver trovato la combinazione della cassaforte in cui aveva vissuto per molti anni, in una prigione della mente, sentendosi solo e separato dalla vita.

Grazie a quell'illuminazione, a quel piccolo, semplice ragionamento che lo riuniva all'Infinito, Jimi lasciò cadere tutte le ansie, le insicurezze e le paure che lo avevano accompagnato.

Si rese conto che, a soli dieci anni, era già padrone della sua vita.

Poi, con la sensazione di essere diventato un mago, facendo tesoro di tutto ciò che aveva imparato negli ultimi tempi, pronunciò la frase che costituiva l'ultimo numero della combinazione:

«Io posso fare tutto! **IO SONO** le infinite possibilità! L'unico limite… è la mia immaginazione!»

E così, quel giorno, la cassaforte si aprì… facendo uscire il più grande tesoro mai esistito: *la vita di Jimi*!

RINGRAZIAMENTI

In primo luogo, desidero ringraziare **tutte le persone che ho incontrato nella mia vita**. Ciascuna di loro, con la propria diversità, anche se l'incontro è stato fugace o apparentemente insignificante, mi ha fatto da *maestro* e ha aggiunto un tassello alla mia comprensione delle cose.

Grazie, in particolare, a tutti coloro che, splendidamente, hanno partecipato al progetto di questo libro: **Sophia Kountzeri**, **Federica Piacentini**, **Marina Petruzzi**, **Manuela Fuliotto**, **Francesco Manzitti**, **Alessandro Fellegara**, **Gianluca Pistore**, **Giovanna Carotti**, **Daniela Piccolo**, e **DJ Claudio Coccoluto** che, senza saperlo, mi ha fatto sognare con la sua musica durante la scrittura del racconto.

Grazie, inoltre, a tutte le persone che hanno svolto un ruolo determinante nella mia vita: **i miei genitori** che, seppur molto giovani al momento del mio concepimento, hanno deciso di scommettere su di me, di "tenermi" e di darmi la vita; **i miei nonni**, per avermi ispirato con la loro saggezza e dolcezza; **i miei figli Alice e Giorgio** che, con le loro domande, mi hanno fatto venir voglia di trovare le risposte; la mia ex moglie **Francesca Felletti**, per avermi fatto incontrare un amore candido in tenera età, per avermi fatto maturare come uomo e per avermi reso padre di due meravigliosi bambini; il mio maestro delle elementari, **Gianni**

Casarino, per avermi fatto leggere, a soli otto anni, "*Il Gabbiano Jonathan Livingston*" (R.Bach) e *"La Fattoria degli Animali"* (G.Orwell), segnando definitivamente la mia visione del mondo; **Giorgio "Bongo" Contati** e **Marco Contati**, per avermi iniziato allo *skateboard* agonistico e alla cultura *hip-hop* degli anni '80; **Dj Francesco Farfa** per il suo sound elettronico d'avanguardia che mi ha aperto nuovi scenari e slanciato verso la libertà di pensiero; **Dj Roby J** per la sua arte musicale, integrità e autentica amicizia; **Elisabetta Ancona**, per avermi iniziato al *Reiki*; **Vito Carlo Moccia** per avermi coltivato con ispirazione, grande integrità e maestria; **Stefano Fracassi**, il mio migliore amico, per avermi umanamente arricchito e concretamente aiutato, facendomi capire cosa significhi il detto: *"Chi trova un amico trova un tesoro!"*; **Roberto Re**, per il suo libro "*Leader di te stesso*" e per i suoi corsi ai quali ho incontrato persone chiave del mio avvenire; **Alfio Bardolla**, per i suoi insegnamenti e per avermi dato grandi opportunità personali, sia di crescita che di business; **Simone** e **Stefania Sorbara Galvez**, per avermi introdotto all'entusiasmante avventura del *network marketing*; **tutte le persone della mia downline**, per essersi messe in gioco, in un'avventura fuori dall'ordinario, con coraggio e senza pregiudizi, avendo ben chiaro che ogni grande quercia... è iniziata con un piccolo seme; **Carlos** e **Maria Calçada Bastos** per avermi iniziato al "Paese delle Meraviglie", al concetto della non-identità e ad alcuni dei punti cardine di questo libro.

Grazie al magico paesino di **Spinello (FC)**, con tutti i suoi abitanti, per avermi accolto tra le sue meravigliose montagne, per avermi insegnato l'armonia della natura e di chi vive a contatto con essa e, grazie ai suoi paesaggi mozzafiato, per avermi fatto immaginare alcuni scenari di questo libro, incluso il Giardino delle Infinite Possibilità

Grazie a tutta la **Scuola di Illuminazione di Ramtha** – insegnanti, staff e studenti – per rendere quotidianamente possibile... l'impossibile!

Grazie a **JZ Knight** per la sua straordinaria vita di amore, ricerca, evoluzione, servizio e grande ispirazione per l'umanità.

Infine, un ringraziamento che non riesco a esprimere a parole, perché le trascende, va al mio amato Maestro, verso cui provo infinito amore ed eterna gratitudine, **Ramtha** l'Illuminato, Signore del Vento, ai cui insegnamenti questo libro è liberamente ispirato.

BENEFICENZA

Sono molto grato alla Vita per l'opportunità di essere vivo e di avere di fronte a me, in eterno, infinite possibilità di creare e di fare esperienza, sorretto dall'amore universale.

Questo libro mi è stato ispirato come un flusso di coscienza ed è semplicemente passato attraverso di me.

Ho deciso, pertanto, di rendere grazie per l'opportunità creativa che ho ricevuto e di ricambiare devolvendo in beneficenza il **20%** di ogni mio utile da esso derivante, al netto di tasse.

Attualmente ho individuato come destinataria di tali donazioni la ***Phoenix Rising School*** di Yelm (WA, U.S.A.) (*thephoenixrisingschool.org*) essendo una Scuola gestita in modo ispirato per sviluppare le infinite possibilità dei bambini, che sono i semi del futuro.

E' inoltre mia volontà, qualora venissi chiamato a tenere incontri, presentazioni e conferenze sul libro, di unire il mio intervento ad una **raccolta di fondi per beneficenza**.

Ogni iniziativa in tal senso sarà ben gradita e prego di proporla, in italiano o in inglese, via *email* all'indirizzo:

info@ilgiardinodelleinfinitepossibilita.it

www.ingramcontent.com/pod-product-compliance
Lightning Source LLC
Chambersburg PA
CBHW071250150726
48001CB00018B/688